Luciana Ziglio • Albina Doliana

Espresso 2

Zusatzübungen

Hueber Verlag

9. 8. 7. | Die letzten Ziffern
2018 17 16 15 14 | bezeichnen Zahl und Jahr des Druckes.
Alle Drucke dieser Auflage können, da unverändert, nebeneinander benutzt werden.
1. Auflage

Zeichnungen: LYONN Redd
Herstellung: Astrid Hansen, Hueber Verlag, Ismaning
Satz und Layout: Martin Lange, Karlsfeld
Druck und Bindung: Auer Buch + Medien GmbH, Donauwörth
Printed in Germany
ISBN 978-3-19-065342-3

Inhalt

Vorwort

Die vorliegenden ***Zusatzübungen*** sind für Kursteilnehmende gedacht, die mit ***Espresso 2*** Italienisch lernen und den Lernstoff nochmals üben möchten.
Die Progression der Aktivitäten folgt daher den Lernschritten der entsprechenden Lektionen des Lehrbuchs.

Bei den Aufgaben der folgenden 10 Lektionen handelt es sich um Übungstypen, die Sie bereits aus dem Arbeitsbuchteil von ***Espresso 2*** kennen – wir haben uns bemüht, diese abwechslungsreich und unterhaltsam zu gestalten. Ziel dieser Übungen ist die Festigung und Vertiefung der in den entsprechenden Lektionen des Lehrbuchs erlernten Strukturen sowie des jeweiligen Lektionswortschatzes. Des Weiteren sollen Sie die Möglichkeit erhalten, Ihre Fortschritte zu überprüfen.

Diese ***Zusatzübungen*** sind für das individuelle Lernen zu Hause gedacht. Mit den im Anhang wiedergegebenen Lösungen können Sie Ihre Antworten auf ihre Richtigkeit hin überprüfen.

Wir empfehlen, sich nicht „aufs Geratewohl" in die Übungen zu stürzen, sondern sich auf diejenigen Aufgaben zu begrenzen, die den Aktivitäten entsprechen, die Sie gerade im Lehrbuch erarbeitet haben. Hierauf verweist das Symbol ☞.
Wenn Sie bei den einzelnen Übungen sehr viele Fehler machen, sollten Sie das jeweilige Thema – sei es Grammatik oder Wortschatz – wiederholen.

Viel Freude und ein erfolgreiches Arbeiten mit den ***Zusatzübungen*** wünschen die Autorinnen und die Redaktion.

La famiglia

1 L'albero genealogico.
Vervollständigen Sie den Text.

2

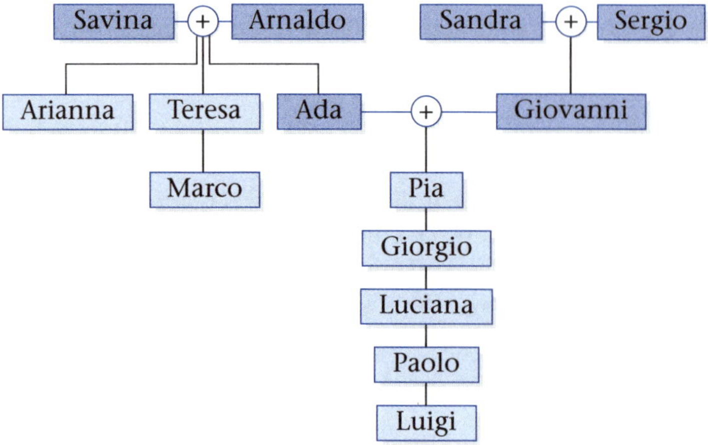

Arianna, Teresa e Ada sono le _ _ _ _ _ _ di Savina.

Pia e Giorgio sono _ _ _ _ _ _ di Sandra e

_ _ _ _ _ _ _ _ di Paolo. Ada e Giovanni sono i

_ _ _ _ _ _ _ _ di Luigi; Arianna e Teresa le _ _ _,

Savina e Arnaldo i _ _ _ _ _ e Marco il _ _ _ _ _ _.

Giovanni è il _ _ _ _ _ _ di Ada e Ada è la

_ _ _ _ _ _ di Giovanni. Luciana è la _ _ _ _ _ _

di Arianna.

E cos'è Giovanni per Arnaldo?

Lösung: È il _ _ _ _ _ _.

1

2 Was gehört zusammen?

4

1. È una lettura	unico. (a)
2. È una famiglia	lunghissima. (b)
3. È per motivi	incompleto. (c)
4. È figlio	falsa. (d)
5. È un elenco	quotidiano. (e)
6. È un'affermazione	numerosa. (f)
7. È un lavoro	economici. (g)

1

3 La mia famiglia.
Ergänzen Sie den Text mit den passenden Possessivpronomen.

5

Paolo racconta: «__________ famiglia non è molto grande. Purtroppo __________ nonni non ci sono più e nemmeno __________ genitori. Ho quattro fratelli, due zie ed un solo cugino. __________ fratelli Giorgio e Luigi sono medici ed abitano a Ferrara; __________ sorella Pia fa la casalinga e vive a Trento con __________ marito e __________ figlia; Luciana insegna in Germania dove abita con __________ famiglia. Io ho due figli. __________ figlio Giacomo si è laureato da poco in matematica, mentre __________ figlia Serena studia biotecnologie a Verona. Io sono commerciante e __________ moglie lavora all'Ufficio Imposte.»

4 *Superlativo assoluto* o *relativo*?

Ergänzen Sie mit den folgenden Adjektiven.

6

la più piccola	il ... più alto	la più bella
la ... più bella	normalissimo	più famosi
il più bello	interessantissimo	il più interessante
il ... più lungo	bellissima	la più grande

1. Benigni è decisamente un regista ________________________, forse ________________________ di questi ultimi anni. Uno dei suoi film _______________ è «La vita è bella», per me ________________________ fra tutti quelli che ho visto.
2. Il Po (km 672) è ___ fiume ___________ ed il Bianco (m 4810) _____ monte ___________ d'Italia.
3. Sandra è sempre stata _______________ fra le mie amiche. È ancor oggi ________________!
4. Secondo me è ___________________ vivere con i genitori.
5. ______________ delle mie sorelle ha 36 anni, ____________ 13.
6. ____ cosa _______________ della mia vita sono i miei figli.

5 Possessivi.

Ergänzen Sie.

8

la mia amica	le mie amiche
la nostra vacanza	______________________
suo zio	______________________
__________________	i loro alberghi preferiti
la vostra scuola	______________________

il nostro insegnante	____________________
____________________	i miei compagni di corso
____________________	le tue vacanze
sua sorella	____________________
____________________	le vostre colleghe
il loro problema	____________________

6 Qual è l'intruso?

1. il secolo – l'anno – la barba – il mese
2. il suocero – il ragazzo – il cognato – il genero
3. in gamba – capace – bravo – numeroso
4. biondo – vecchio – anziano – giovane
5. contento – incredibile – felice – allegro
6. mai e poi mai – qualche volta – ogni tanto – spesso

1

7 Vervollständigen Sie nun den folgenden Dialog mit den »Eindringlingen« aus Übung 6 und gleichen Sie, wo nötig, die Adjektive an.

Tra amiche.

◆ Sai la novità? Silvia ha trovato ______________!!

● No, ______________!! E com'è?

◆ Beh, io lo conosco da anni, ma è da tanto tempo che non lo vedo. Io lo ricordo con ______________, alto, ______________ e con ______________ interessi, insomma un tipo simpatico.

● Sono contenta per lei … E come mai si è decisa? Ha sempre detto "… ______________!"

8 Wählen Sie die passende Form.

10

1.	Carla è	**mia / la mia**	amica preferita.
2.	Sandro è	**tuo / il tuo**	fratellino più piccolo?
3.	Questo è	**mio / il mio**	cognato più giovane.
4.	Ma quella non è	**tua / la tua**	madre?
5.	Conosci già	**mie / le mie**	sorelle?
6.	Ieri abbiamo incontrato	**nostri / i nostri**	amici.
7.	Non conosco ancora	**tuoi / i tuoi**	genitori.
8.	Silvano è	**loro / il loro**	unico figlio?
9.	Ti presento	**miei / i miei**	nonni.
10.	Domani arriva	**mio / il mio**	genero.

9 Bilden Sie Sätze.

12

1.	Giuseppe	si sono conosciuti	a sposarti?
2.	Sara e Piero	ti sei finalmente deciso	in medicina.
3.	Fabiana	mi sono arrabbiato	perché non mi ascolti mai.
4.	Ada e Maria non	si è laureato	al giardinaggio per anni.
5.	Io	si è dedicata	affatto.
6.	Tu	si sono riposate	in casa di amici.

1. ______________________________
2. ______________________________
3. ______________________________
4. ______________________________
5. ______________________________
6. ______________________________

1

10 Il sabato di Franca.
Formulieren Sie den Text im *passato prossimo*.

«Il sabato mi sveglio tardi (mi alzo verso le 11), mi metto una tuta e faccio un po' di jogging. Torno a casa, mi lavo, mi vesto elegantemente e faccio due passi in città. Il pomeriggio leggo un po' e poi mi dedico alla musica; insomma mi riposo veramente dalla stanchezza di tutta la settimana.»

Ieri Franca si ______________________________

____

____

____

____

____

1

11 Welche Sätze haben die gleiche Bedeutung?

14

1. Lo ritengo intelligente.
2. Ha un'abitazione molto carina.
3. Vive nel tuo stesso quartiere?
4. È una bella coppia.
5. Luciana e Silvio convivono.
6. Si è trasferita da poco.
7. Ma che fine hai fatto?
8. La sua è una famiglia allargata.

È figlia della prima moglie del padre. (a)
Non sono sposati. (b)
Che fai? Dove sei? (c)
Secondo me capisce tutto e subito. (d)
Stanno bene insieme. (e)
Il suo appartamento è bello. (f)
Abita non lontano da te? (g)
Ha cambiato città. (h)

12 Genitori vicini e lontani.
Vervollständigen Sie mit den folgenden Ausdrücken.

altri Paesi europei | di fatto | famiglia di origine | i mammoni | la coppia | verso i 27 anni | una volta alla settimana | un fenomeno

Caro Giulio,

ti interessa ancora quell'articolo di quei due sociologi? Se vuoi te lo invio per posta, comunque te ne faccio una sintesi via mail. Dunque, il tema è quello dei «figli cronici», quelli che restano legati alla ____________________, ______________ insomma. Secondo i due questo è _________________ tipicamente italiano, perché gli italiani vanno a vivere da soli in media __________________ (scrivono che la cosa non succede negli _______________________), telefonano ai genitori almeno ___________________________, li incontrano spesso. Però aggiungono che ____________________ non è più quella di una volta, perché ad esempio ci sono anche le famiglie

_______________ .

Spero di esserti stata utile.

Bacio

Francesca

1

13 E inoltre 1

Il primo mese di matrimonio si chiama anche ...
In den folgenden Sätzen fehlen einige Wörter. Fügen Sie diese in das Gitterrätsel ihrer Nummer entsprechend ein. Die markierten Kästchen vervollständigen den Titel der Übung.

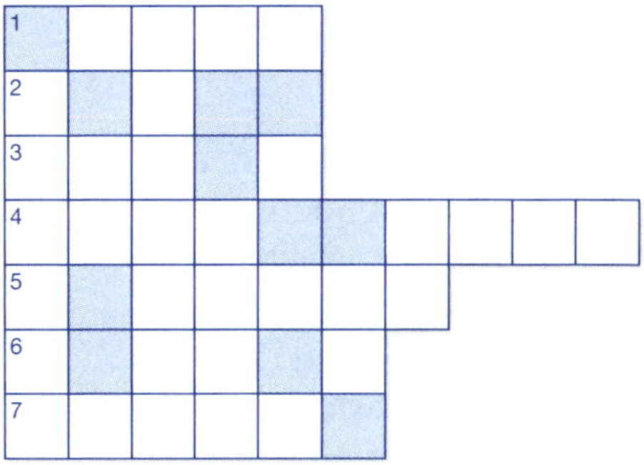

1. È utile scegliere un regalo dalla ____________ di nozze.
2. A chi va a letto si augura la ____________ notte.
3. Invece di un regalo alcuni preferiscono dare dei ____________.
4. «Nozze» è sinonimo di «____________».
5. Gli sposi partono per il ____________ di nozze.
6. Per un compleanno si fa un ____________.
7. Marito e ____________ formano una coppia.

Lösung: _ _ _ _   _ _   _ _ _ _ _ .

1

14 Bringen Sie den folgenden Zeitungsbericht in die richtige Reihenfolge.

① Secondo un recente sondaggio le liste di nozze seguono la moda. Una volta,
○ Adesso si regalano spesso oggetti con colori più rilassanti che
○ anni va molto di moda regalare viaggi, elettrodomestici,
○ per la casa. Negli anni Novanta c'è stato
○ oggi amano soprattutto gli arredi* per la camera da letto.
○ televisori, HI FI, enciclopedie o addirittura
○ si regalavano tovaglie, asciugamani, piatti e piccoli oggetti
○ rispecchiano il gusto dell'abitazione. Negli ultimi
○ soldi da spendere come si vuole. Secondo l'articolo gli sposi
○ il boom delle cose in metallo e si preferivano i colori scuri (nero e blu).

* gli arredi = oggetti che servono ad abbellire la casa

Da piccola ...

1 Finden Sie mit Hilfe der vorgegebenen Buchstaben 10 Tiernamen. Nacheinander gelesen ergeben die Buchstaben in den markierten Kästchen einen weiteren Tiernamen.

1

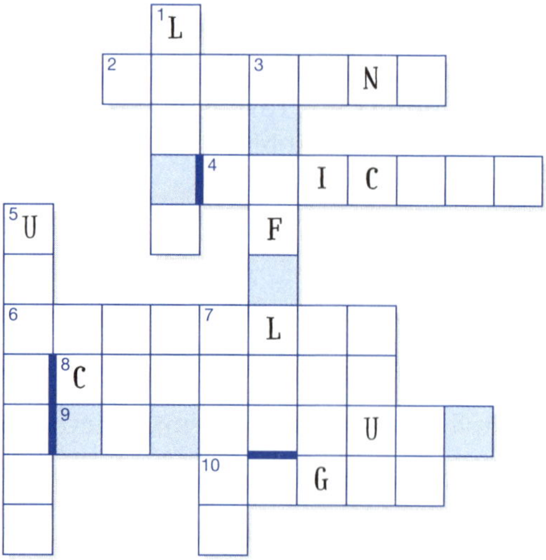

Lösung:

_ _ _ _ _ _

2

2 Bilden Sie eine kurze Erzählung, indem Sie, ausgehend vom Kästchen *Da piccolo*, die Dominosteine nummerieren.

4

tantissimo.	(1)	*Da piccolo*	città.	( )	Trascorrevo i
pomeriggi in casa.	( )	Lì non c'era molto	nonni.	( )	Là giocavo
con i loro animali.	( )	Mi divertivo	ero allergico.	( )	Quindi non potevo tenere
animali nell'appartamento.	( )	Abitavo in	spazio.	( )	In estate però andavo dai

3 Ersetzen Sie die Wörter in kursiv mit ihren Synonymen (=).
Achten Sie auf die Verben und auf die Adjektive.

6

affermare | domandare | domestico | quotidiano | riferire | numeroso | ~~maggioranza~~ | trascorrere

1. La *maggior parte* dei bambini vorrebbe un animale. maggioranza
2. Da giovani avevamo *diversi* amici. ___________
3. Mi *ha chiesto* se rimanevo a cena da lui. ___________
4. Gli *hanno raccontato* che la zia è in ospedale. ___________
5. *Passavamo* sempre le vacanze dai nonni. ___________
6. *Ha* sempre *sostenuto* che sua moglie non ama gli animali. ___________
7. Tra le mura *di casa* mi sento al sicuro. ___________
8. Far visita ai miei è un'abitudine *di tutti i giorni*. ___________

2

4 L'adolescenza è …
Suchen Sie im Gitterrätsel 8 Wörter (5 ➔ und 3 ↓) aus Lektion 2. Nacheinander gelesen vervollständigen die verbleibenden Buchstaben den Titel der Übung. Falls Sie Schwierigkeiten haben, werfen Sie einen Blick auf die folgende Übung.

C	A	M	P	A	G	N	A	L	P	S	E
			T	A'	C	T	R	A	O	O	
		R	U	M	O	R	E	I	R	N	
			N	F	S	A	N	Z	T	D	I
				A	C	E	E	T	A	A	
	F	E	M	M	I	N	E	A'	A	G	D
	S	E	R	P	E	N	T	E	U	G	
			L	I	N	F	A	N	Z	I	A
					Z	T	A			O	
					A						

Lösung: (...)

_ ’ _ _ _   _ _ _

_ _ _ _ _ _ _ _   _

_ _ _   _ _ _ _ _ _ .

5 Ergänzen Sie nun die folgenden Sätze mit den in der vorigen Übung gefundenen Wörtern.

1. Il ________________ è forse l'animale più temuto.
2. Non vive in città, né in montagna, ma in ________________ .
3. La mia ________________ è stata molto felice.
4. Secondo un ________________ l'animale preferito è il cane.
5. Se non chiudi la ________________ entra il freddo.
6. Amo la vita tranquilla e odio il ________________ .
7. Secondo l'Eurispes è cresciuta la ________________ animalista.
8. Le ________________ , più dei maschi, amano i gatti.

6 Una volta …
Vervollständigen Sie mit den Formen des *imperfetto*.

8

aiutare	avere	andare	esistere
esserci	essere (3)	dovere	potere
raccontare	studiare	trascorrere	trovare

Ai tempi di mia nonna la vita __________ diversa. Si __________ pochi soldi e non __________ molte possibilità. A scuola si __________ a piedi perché non __________ gli scuolabus. Si __________ scrivere tutto a mano e si __________ su un unico libro. Le automobili __________ rare, ma si __________ giocare anche per la strada senza pericoli. «Ma io __________ ugualmente bella la mia vita.» – mi __________ sempre la nonna. «Con tuo nonno __________ pomeriggi sereni e lo __________ nei lavori di campagna, insieme __________ veramente felici.»

7 Verbinden Sie die Sätze und konjugieren Sie die Verben in Klammern.

10
1. In vacanza andavo sempre nel solito albergo,
2. Normalmente in estate andavamo a trovare i nonni in montagna,
3. Da piccolo restava spesso a casa.
4. Di solito prendevano la macchina per arrivare prima,
5. Da single pensavo solo a divertirmi e a spendere.
6. Prima credeva molto nell'amicizia.
7. Normalmente non avevi voglia di leggere,

a. l'anno scorso, però, (rimanere) ____________________ in città.

b. Adesso, però, (avere) ________________ bisogno di risparmiare.*

c. ma una volta (preferire) ______________ scegliere un agriturismo.

d. Adesso (avere) _________________ pochi amici veri.

e. ma un paio di volte (andare) _________________ in biblioteca.

f. Oggi invece (uscire) ________________ ogni sera.

g. ma quella volta (fare) ______________________ l'autostop.

* risparmiare = mettere da parte dei soldi

8 Chi lo dice?
Ergänzen Sie den jeweiligen Namen der Person, die spricht.

12
1. Albina non era in buoni rapporti con i suoi.
2. Marina chiacchierava volentieri con tutti.
3. Giulio odiava la scuola.
4. Eleonora sognava di diventare una persona famosa.
5. Bruna si arrabbiava raramente.
6. Davide doveva sempre andare in montagna.

_________________ dice: "Volevo fare la scrittrice o il medico."

_________________ dice: "Mio padre mi costringeva a fare le scalate."

_________________ dice: "Ero una bambina molto tranquilla."

_________________ dice: "Ero molto loquace."

_________________ dice: "In classe mi annoiavo mortalmente."

_________________ dice: "Mio padre era molto severo con noi figli."

9 *Passato prossimo o imperfetto?*
Unterstreichen Sie die jeweils richtige Zeitform.

Caro Giovanni,

*ma che fine (***facevi/hai fatto***)? È da tanto che non ti sento, ma per fortuna ho tue notizie dalla cognata di Luca. So che (***passavi/hai passato***) un brutto periodo e che però (***riuscivi/ sei riuscito***) a superarlo. Questo mi (***tranquillizzava/ha tranquillizzato***) molto. (***Sentivo/Ho sentito***) anche che nel frattempo ti (***laureavi/sei laureato***). E pensare che a scuola non (***eri/sei stato***) proprio il primo della classe ...!! Ma da ragazzo non (***studiavi/hai studiato***) poi tanto, no? È vero che (***ti sposavi/ti sei sposato***)? Tua moglie è quella bionda che ti (***guardava/ha guardato***) sempre quando (***eravamo/ siamo stati***) in biblioteca? Io (***rimanevo/sono rimasto***) single, anche allora questa (***era/è stata***) la mia filosofia, ricordi??*
*Ma per il futuro non si sa mai, anche perché ultimamente (***incontravo/ho incontrato***) una ragazza veramente in gamba che mi piace davvero molto.*
Beh, allora aspetto una tua lettera o una tua telefonata.

Ciao
Michele

2

10 Ergänzen Sie den Dialog mit dem *passato prossimo* oder dem *imperfetto*.

abitare | avere | cambiare | essere (3) | diventare | fare | frequentare | rivedere | scherzare | trovare

■ Oh, Paola, finalmente! È da un mese che non ti vedo! Prima ________________ sempre il tempo per venirmi a trovare il fine settimana, ma dove ________________? Fuori città?

● Sì, ________________ degli amici e ________________ ospite a casa loro a Parma. Ti ricordi Sandro e Paolo, che ________________ vicino a me l'anno scorso?

■ Ah, i ragazzi che ________________ una spider rossa e che ________________ anche Gloria?

● Sì quelli! ________________ lavoro e casa.

■ Ah, e come sono adesso? Perché allora ________________ sempre con me e so che una volta gli ________________ una tremenda sfuriata!

● Già, ________________ molto vivaci... ma ora ________________ proprio delle persone tranquille.

2

11 Vervollständigen Sie mit den passenden Pronomen.

1. ● I tuoi vanno via per le vacanze di Natale?
   ◆ No, ____ passano a casa.
2. ● Conoscete il poker?
   ◆ Oh sì, ____ giochiamo spesso.
3. ● Si interessa ancora di calcio?
   ◆ Eccome! ____ parla sempre!
4. ● Io dimentico sempre tutto.
   ◆ Allora ____ ricordo io di telefonare al dottore.
5. ● Hai già parlato con Chiara?
   ◆ Non ancora, ma ____ vedo domani.
6. ● Ricordi volentieri la tua infanzia?
   ◆ Mah, veramente ____ penso poco, ma quando ____ penso ____ faccio con piacere.

2

12 Rekonstruieren Sie das Interview. Die Fragen sind bereits in der richtigen Reihenfolge angegeben.

13

1. Allora, cosa mi puoi dire di te?
2. Mi racconti qualcosa della tua famiglia?
3. In che rapporti eri con i tuoi?
4. Com'eri da bambino?
5. Ti piaceva la scuola?
6. Cosa facevi nel tempo libero?
7. Quali libri preferivi?
8. Cosa volevi studiare all'università?
9. Quando hai cominciato a diventare un personaggio così noto?

(a) *Ogni tipo di sport.*

(b) *Ero tranquillo e amavo giocare con gli amici.*

(c) *Non leggevo molto, ma ogni tanto andavo in biblioteca.*

(d) *Non avevo alcuna voglia di frequentarla.*

(e) *A partire dai trent'anni, quando ho cominciato a scrivere i miei primi romanzi.*

(f) *Beh, sono nato a Catania nel '46.*

(g) *Non molto, ma andavo volentieri perché ero bravo in matematica.*

(h) *Non buoni, perché i miei genitori erano molto severi e in casa c'erano spesso liti.*

(i) *Mio padre era medico, mia madre insegnante. Avevo due fratelli e due sorelle. Io ero il più grande.*

2

13 Qual è l'intruso?

E inoltre

1. poesia — pranzo — racconto — romanzo
2. stella — cielo — lite — sole
3. materia — aritmetica — spagnolo — concorso
4. ora — adesso — in questo momento — proprio
5. volume — vecchio — giovane — ragazzo
6. finestra — vasetto — porta — muro
7. parentela — familiare — passo — suocero

14 Modi di dire.

Streichen Sie jeweils den Ausdruck mit der unterschiedlichen Bedeutung. Die Buchstaben der verbleibenden Sätze ergeben, nacheinander gelesen, ein italienisches Sprichwort.

1. È da un secolo che ...

È da tanto tempo che ... I L
È da molto che ... S A
È d'accordo che ... P E

2. Gli hai riferito che ...?

Gli hai chiesto se ...? S
Gli hai raccontato che ...? N
Gli hai detto che ...? G U

3. Sono bravo in matematica.

Riesco bene in matematica. E
Odio la matematica. R
Con la matematica non ho problemi. N

4. Ci andavo a denti stretti.

Non ci andavo volentieri. O N
Odiavo andare lì. E A
Il dentista mi faceva paura. L

5. Mi sentivo escluso.

Mi lasciavano sempre da solo. C
Non era compreso nel prezzo. S E
Non riuscivo a comunicare con gli altri. Q

6. Non lo capivo per niente.

Non lo capivo affatto. U
Non lo capivo assolutamente. A
Lo capivo una volta su due. C O

Lösung: __ __   __ __ __ __ __ __   __ __ __   _̀_   __ __ __ __ __ .

Significa che i legami di parentela sono molto forti.

Non è bello ciò che è bello ...

1 Com'è?

Vervollständigen Sie die Beschreibung. Die markierten Kästchen ergeben die Fortsetzung des Lektionstitels.

1

1. Ha i _ _ _ _ _ _ _   _ _ _ _ _ _ .
2. Porta _ _ _   _ _ _ _ _ _ _ _ _ _ .
3. È _ _ _ _ _ _ _ _ _ _ _ .
4. Ha i _ _ _ _ _ _ _ _ _   _ _ _ _ _ _ .
5. Ha _ _   _ _ _ _ _ _ .
6. È _ _ _ _ _ _ .
7. È _ _ _ _ _ _ _ _ _ _ .

Lösung: ... È bello _ _ _   _ _ _   _ _ _ _ _ .

2 Schreiben Sie die Adjektive in die jeweils passende Spalte.

4

alto | aperto | divertente | basso | timido | magro | bruttino | noioso | grasso | biondo | anziano | vanitoso | attraente | sensibile | severo | loquace

aspetto fisico	altre caratteristiche
______________________	______________________
______________________	______________________
______________________	______________________
______________________	______________________
______________________	______________________
______________________	______________________
______________________	______________________
______________________	______________________

3

3 Ergänzen Sie mit *cominciare, finire, cambiare* im *passato prossimo*.

1. Il film ________ già ________________? Peccato! Volevo vederlo...
2. Ma è vero che Luigi e Sandra ________________ casa e adesso vivono a Napoli?
3. Franco, ________________ di lavorare? La partita ____________________ dieci minuti fa!
4. Non mi avete aspettato? __________ già ________________ a mangiare?
5. La sua vita ______________ molto da quando è tornato single.

4 Ersetzen Sie das Verb *riuscire* mit den entsprechenden Zeiten von *farcela*.

1. Guarda che non *riesci* a finire gli esercizi per domani!

   ____

2. Pensi di *riuscire* a laurearti in ottobre?

   ____

3. Mi dispiace, ma ieri non *sono riuscito* a chiamarti.

   ____

4. Da bambini *riuscivate* a fare i compiti senza aiuto?

   ____

5. *Siete riuscite* ad attirare la sua attenzione?

   ____

5 Vervollständigen Sie mit den Verbformen *sa, sapeva, può, poteva* und raten Sie, um wen es sich handelt.

6

3

1. __________ suonare il pianoforte ma non __________ sentire la sua musica.
   ☐ Chopin ☐ Beethoven ☐ Verdi

2. __________ suonare la chitarra, cantare ed è diventato famoso con "Volare".
   ☐ Sinatra ☐ Modugno ☐ Iglesias

3. __________ giocare a polo e vive in Europa.
   ☐ Enrico VIII ☐ Luigi XIV ☐ Carlo d'Inghilterra

4. __________ anche non parlare, ma la gente si divertiva a vedere i suoi film.
   ☐ Charlot ☐ Gable ☐ Mastroianni

5. Non __________ andare piano se vuole vincere.
   ☐ Schumacher ☐ Maradona ☐ Tyson

6 Setzen Sie einige der Wörter, die Sie in dieser Lektion gelernt haben, wieder zusammen.

8

| an | cia | ciu | fac | it | nar | orzi | sg | zzo |

1. pan______ta	4. petti______si	7. fa______letto
2. fi______chi	5. prop______onato	8. fac______
3. pul______o	6. di______razia	9. ______cende

7 Bilden Sie Sätze.

1. Anche se è anziana	a. e piace a tutti.
2. È alto quasi quanto	b. crespi, gonfi e ricci.
3. Giorgio è noioso e	c. suo padre.
4. Per fare le faccende	d. non ha molte rughe.
5. È attraente	e. ancora tutti neri.
6. I suoi capelli sono	f. si mette i guanti di gomma.
7. Per sua fortuna ha i capelli	g. di uscire con lui.
8. Non mi va	h. magra di spalle e di gambe.
9. È larga di fianchi, ma	i. pure bruttino.

3

8 Ergänzen Sie mit *come (quanto), più, meno* und wo nötig mit *di* (mit oder ohne Artikel).

9

Barbara (18 anni) – Andrea (18 anni)

1. Andrea è giovane ________________ Barbara.

Marco (cm. 1.85) – suo figlio (cm. 1.60)

2. Piero è _______________________ suo padre.

Il Monte Bianco (m. 4.810) – l'Everest (m. 8.882)

3. Il Monte Bianco è ______________________ Everest.

Roma (2.645.322 abitanti) – Trento (120.000 abitanti)

4. Trento è _____________ popolata ____ Roma.

Il Po (km. 672) – il Mississippi (km. 6.970)

5. Il Mississippi è ____________________ Po.

Nicola (47 kg.) – Franco (47 kg.)

6. Franco è _________________________ Nicola.

9 Kennzeichnen Sie mit einem Sternchen (*), wo im Satz die Pronomen *qualcun(o)* oder *nessuno* fehlen.

11

- ● Come facciamo adesso se Livia non può più venire con noi?
- ◆ Eh già...Non è facile trovare (*) per una vacanza nel deserto. Non mi viene proprio in mente. qualcuno ____________
- ● E se proviamo a chiedere a Donata?
- ◆ Figurati, non sopporta dei nostri amici. ____________
- ● E domandare a altro? Per esempio agli amici di tuo fratello? ____________
- ◆ No, loro lavorano, secondo me di loro ____________ ha tempo adesso. Comunque posso provare, magari trova una settimana libera per le vacanze. ____________

3

10 Un tipografo pasticcione.
Ein Schriftsetzer hat einige (nicht alle!) Präpositionen vertauscht.
Setzen Sie sie wieder an die richtige Stelle.

1. In Africa? No! Avrebbe paura degli scorpioni!
2. Ti andrebbe di uscire a me stasera?
3. Che sete! Andrei volentieri per prendere una birra.
4. Con gli occhiali guiderebbe molto meglio.
5. Ce la farebbe con finire il lavoro entro domani?
6. Potreste proseguire a la Turchia.
7. Veramente io sarei in accordo con lui.
8. Perché discuti sempre con lui? Io finirei con l'odiarti.
9. Studia poco, altrimenti sarebbe bravo d'aritmetica.
10. Saliremmo volentieri sul cratere, ma siamo stanchi.

11 Verbinden Sie die Sätze und konjugieren Sie die Verben im Konditional.

12

1. (Organizzare) ____________________ un party,
2. In gennaio (volere) ____________________ sposarmi,
3. (Dovere) ____________________ prendere il treno,
4. Ada (andarsene) ____________________ a dormire,
5. Noi (prendere) ____________________ questa decisione,
6. (Chiacchierare) ____________________ fino a tardi,

a. ma lo perdi sempre.
b. ma voi (dovere) ____________________ aiutarci.
c. ma non avete molti amici.
d. ma non ho trovato casa.
e. ma devono alzarsi presto.
f. ma deve finire di stirare.

3

12 Vervollständigen Sie die E-Mail mit der passenden Form des Konditionals.

Caro Flavio, è sera, ti ho appena sentito, ma già mi manchi. (Volere) ______________ averti qui, ma so che per oggi non è più possibile. Ci vediamo domani? (Essere) ______________ veramente splendido!! Insieme (potere) ______________ fare progetti per domenica. Veramente sai che non mi (andare) ______________ di uscire di casa questo fine settimana, ma sai anche che per amor tuo (fare) ____________ di tutto: (dimenticare) _________________ il lavoro, (stare) __________ senza mangiare, (dormire) ______________ in piedi ... Sai che odio la montagna, ma (potere) _____________ anche decidere di venire a sciare con te. (Potere) _______________ invitare anche Sandro e Iris che (essere) ______________ senz'altro felici di stare un po' con noi. La sera poi si (potere) ____________ mangiare tutti a casa mia. Cosa ne dici? Se leggi questa e-mail domattina, (potere) ____________ rispondermi subito? Sì, perché io (dovere) ____________ essere in centro alle 9. Se a mezzogiorno non hai risposto vengo da te. Così (avere) ____________ l'occasione di vederti e ti (dare) ____________ il CD che hai dimenticato qua. Bacio Linda.

13 Quando usate queste frasi?
Schreiben Sie neben jeden Satz den richtigen Buchstaben (der jeweils zwei mal vorkommt).

14

a. Fare una proposta
b. Esprimere un desiderio
c. Dare un consiglio
d. Chiedere cortesemente qualcosa
e. Fare un'ipotesi

1. Chiederesti a tua madre quell'informazione? ___
2. Hai voglia di accompagnarmi in città? ___
3. Vorremmo trovarci tutti insieme per Natale. ___
4. Al suo posto lavorerei di meno. ___
5. Mi piacerebbe fare il giro del mondo. ___
6. Dovresti fare più attenzione ai soldi! ___
7. Secondo me non accetterebbe mai! ___
8. Non penso che dormirebbe mai in tenda! ___
9. Che ne dite di comprare dei dolci? ___
10. Potresti darmi una mano? ___

14 Il mio partner ideale. So haben einer neuen Statistik zufolge Männer und Frauen auf die Frage «il mio partner deve essere… » geantwortet. Betrachten Sie die Grafik und beantworten Sie die Fragen.

16

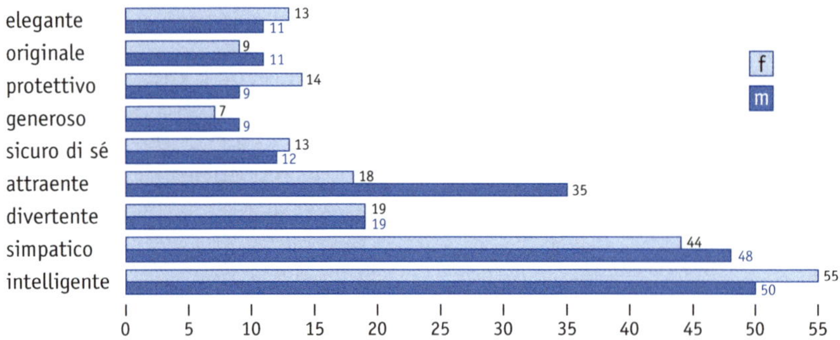

	v	f
1. La qualità più importante è l'intelligenza.	☐	☐
2. Avere un partner divertente è più importante per i maschi che per le femmine.	☐	☐
3. Per i maschi l'eleganza conta quanto l'originalità.	☐	☐
4. Molti desiderano un partner generoso.	☐	☐
5. La bellezza fisica per i maschi è meno importante della simpatia.	☐	☐
6. Un partner simpatico è più importante di uno sicuro di sé.	☐	☐
7. Tra uno protettivo e uno generoso le donne preferiscono l'uomo generoso.	☐	☐
8. L'intelligenza viene subito dopo la simpatia (per uomini e donne).	☐	☐

3

15 Sinonimi (=) e contrari (≠). Schreiben Sie die folgenden Adjektive in die jeweils richtige Spalte.

E inoltre 2

attivo | forte | generoso | gentile | impulsivo

intraprendente | loquace | nervoso | ottimista

possessivo | saggio | snob | tranquillo

	sinonimi	contrari
ragionevole	____________	____________
altezzoso	____________	
altruista	____________	
chiacchierone	____________	
fragile		____________
cordiale	____________	
dinamico	______ ______	
fiducioso	____________	
irritabile	____________	____________
geloso	____________	

16 Vervollständigen Sie diese kurzen Texte mit Hilfe der folgenden (zu deklinierenden!) Adjektive. Im ersten Abschnitt soll das Mädchen einen positiven Charakter erhalten, im zweiten einen negativen.

avaro	debole	forte	generoso
ottimista	pessimista	socievole	timido

Sono andato a una festa e lì ho conosciuto una ragazza che mi è piaciuta molto. Parlava con tutti. Era così ____________! Mi ha raccontato dei suoi programmi e di essere molto ____________ per il suo domani. È anche ____________: mi ha offerto subito un cocktail. Inoltre ha un carattere ____________: sa quello che vuole. È proprio la ragazza che vorrei avere!

Sono andato a una festa e lì ho conosciuto una ragazza che non mi è piaciuta per niente. Non parlava con nessuno. Era così ____________! Mi ha raccontato di non avere programmi e di essere molto ____________ per il suo domani. È anche ____________: io le ho offerto tre volte da bere, ma lei niente ... Inoltre ha un carattere ____________ e non sa quello che vuole. È proprio la ragazza che non vorrei mai avere!

3

Appuntamenti

1 Non c'è ancora??
Im folgenden Text fehlen einige Wörter (die Sie gerade erst gelernt haben). Wenn die Antworten richtig sind, ergeben die markierten Kästchen einen neuen Ausdruck.

1

Sabato ho visto la Manon Lescaut con
A D _ T T _ _ _ _ _ _ di Gianna Volpi.
La R _ G _ _ _ _ era Rosanna Siclari.
Mia moglie, invece, ha preferito andare a una mostra che
E _ P O _ _ _ _ le V _ _ _ _ D E dell'arte
C _ _ T E M P _ _ _ _ _ _ del nostro Paese.
Nostra figlia di 19 anni, che odia l'opera e i musei, ha
voluto seguire in TV il P _ O G _ _ _ _ _ per la
S _ _ E Z I _ _ _ di Miss I T A _ _ _ .

4

Lösung: _ _ _ _ _ _ _ _ ' appuntamento. Significa *non è venuto, non si è presentato.*

2 Qual è la reazione esatta?
Achtung: Manchmal passen beide Reaktionen!

4

1. Che ne dici di far shopping?
   a. Mi dispiace, sono al verde.
   b. Perché invece non andiamo al museo?
2. Hai voglia di andare al cinema?
   a. Sì, ho proprio voglia di andare all'aria aperta!
   b. Oh, sì, c'è un film di Fellini!
3. Andiamo a correre nel parco?
   a. Veramente avrei un impegno.
   b. Volentieri, ho qualche chilo di troppo.

4. Dai, perché non mi accompagni in piscina?
   a. Oddio, con questo tempo?!
   b. Oddio, ma il lago è lontano!!
5. Ti va di chiamare Carlo?
   a. Come no?
   b. Certo, ma non subito!
6. Sei d'accordo se invitiamo Ida?
   a. No, dai, non la sopporto!
   b. Buona idea, è simpatica!

3 Chi sta facendo cosa?
Vervollstängen Sie nach dem Muster.

7

1. La signora con la borsetta sta fumando.
2. Gli ultimi due ragazzi ________ ________ fra loro.
3. La signora con i capelli lunghi ________ ________ un tramezzino.
4. Il vecchietto ________ ________.
5. Il signore con gli occhiali ________ ________ il giornale.
6. Il signore alla cassa ________ ________ i biglietti.
7. Il tipo con i baffi ________ ________.
8. La donna e il suo bambino ________ ________ un gelato.
9. Il primo signore della fila ________ ________.
10. Tutti ________ ________ la fila.

4 In einigen Sätzen kann man das Verb *avere* mit *avercela* ersetzen.
Schreiben Sie die Alternative dort, wo es möglich ist.

8

1. Ma tu hai la macchina? ____________________
2. Ma tu l'hai riparato il motorino? ____________________
3. L'hanno già preso lo ski pass? ____________________
4. I miei CD li hai ancora tu? ____________________
5. La patente l'avete o no? ____________________
6. Guido ha già pagato la bolletta? ____________________
7. Li ha i biglietti per la partita? ____________________

5 Una festa tra amici.
Franca hat eine Feier organisiert und die Aufgaben unter den Freunden aufgeteilt. Lesen Sie ihren Zettel.

10

4

io:	comprare piatti plastica ✓ preparare tavola ✓ chiedere CD Carlo ✓
Gianna:	prendere spumante fare torta ✓
Laura e Mario:	telefonare Giulio + Sandra ✓ ordinare tartine portare bevande

Franca und Gianna treffen sich einen Tag vor der Feier, um zu überprüfen, ob alles in Ordnung ist. Vervollständigen Sie den Dialog nach dem Muster.

● Allora, i piatti di plastica *li ho già comprati*, la tavola ____________ ____________, i CD ____________ io a Carlo. E tu hai pensato allo spumante?

◆ No, *non l'ho ancora preso*, però la torta ____________________.

● Sai se Laura e Mario hanno fatto quello che dovevano?

◆ Mah, so che ______________________________ a Giulio e Sandra, ma le tartine ___________________________________ e le bevande ________________________________.

● E quando diavolo pensano di farlo? Adesso li chiamo!

6 Verbinden Sie die Sätze und ergänzen Sie das Pronomen und die Verbendung.

1. Hai fissato l'appuntamento dal medico?
2. Avete accettato le sue scuse?
3. Vai tu a prendere le bambine?
4. Perché avete rifiutato il suo invito?
5. Adesso la macchina è a posto?
6. Ha già restituito i soldi?
7. Hai già studiato il brano?

a. No, ___ abbiamo trovat__ banali.
b. Sì, ___ ha ridat__ a Marco ieri sera.
c. Sì e ___ ho anche riassunt__.
d. Perché ___ ha fatt__ troppo tardi!
e. Certo, ___ ho chiamat__ stamattina.
f. ___ ha già pres__ la baby sitter!
g. Sì, il meccanico __ ha riparat__ oggi.

4

7 Ergänzen Sie im folgenden Ausschnitt die Pronomen und die Verbendung.

La prima volta che ___ ho portat___ fuori a cena, Luciana era molto elegante: il vestito che indossava ___ stava molto bene e io ___ ho fatt___ i complimenti. Lei ___ ha sorris___ mentre io ___ mangiavo con gli occhi. La fame era tanta e abbiamo chiesto al cameriere di portar___ il menù. In quel momento siete entrati voi.

Io ho evitato di guardar___ perché volevo stare solo con Luciana. Il cameriere, però, che sapeva che ___ conoscevamo, ___ ha detto, mentre ___ indicava: "Purtroppo non ci sono tavoli liberi, ma se volete potete seder___ là con i signori." E così quella che doveva essere una serata romantica ___ ho trascors___ con i soliti amici!

8 Vervollständigen Sie den folgenden Text und entscheiden Sie welches Wort fehlt.

11

Al cinema, a teatro, come in tutti i (1) pubblici, si deve tenere un comportamento corretto e fare notare la propria (2) il meno possibile. Quindi le persone devono evitare commenti ad (3) voce e i rumori che sono veramente (4), devono cercare di non tossire e starnutire. Se non siamo (5) dobbiamo aspettare la pausa per entrare. I cellulari sono (6), ma le (7) maniere ci insegnano a (8) durante gli spettacoli. Nei musei e nelle mostre, poi, è bene evitare di leggere la (9) ad alta voce e non rimanere troppo tempo davanti a (10).

1. (a) posti	(b) stanze	(c) luoghi
2. (a) proposta	(b) presenza	(c) persona
3. (a) alta	(b) adorata	(c) adatta
4. (a) fastidiosi	(b) falsi	(c) famosi
5. (a) puntati	(b) puntuali	(c) puliti
6. (a) uniti	(b) ultimi	(c) utili
7. (a) buone	(b) carine	(c) generose
8. (a) spegnerli	(b) spegnerci	(c) spegnerle
9. (a) guida	(b) lettura	(c) programma
10. (a) una finestra	(b) un quadro	(c) un vetro

9 Ergänzen Sie das passende Pronomen und schreiben Sie, wo es möglich ist, beide Alternativen.

Un giorno vedo in un locale una donna splendida. Decido di conoscer____, ma non riesco a parlar____ perché lei esce prima di me. Allora decido di seguir____ e le corro dietro perché non ____ voglio perdere (non voglio perder____). La donna, purtroppo, gira l'angolo proprio quando sta passando un autobus. Io non riesco a evitar____ e cado. Urlo: «Aiuto!». Lei mi sente e viene a vedere cosa è successo. «____ posso aiutare (Posso aiutar____)?» – chiede – «O ce ____ può fare (può farce____) da solo?». Io ___ potrei alzare (potrei alzar___), ma preferisco rimanere dove sono. È così che ho conosciuto mia moglie.

10 Vervollständigen Sie mit *cui* und der passenden Präposition.

12

| a cui (2) | con cui | da cui | di cui (2) | in cui |

1. Il quartiere __________ abito è in periferia.
2. Mi fai vedere il disegno __________ ti stai dedicando?
3. L'America, _______ siamo appena tornate, ci è rimasta nel cuore.
4. Ha vinto il concorso __________ ha partecipato.
5. Perché esci ancora con l'amica __________ ti arrabbi sempre?
6. La qualità _____________ manca è il senso pratico.
7. Telefono subito per prendere l'appuntamento __________ hai bisogno.
8. Di queste cose non ho un'idea precisa, *per cui* preferisco non dire niente.

Betrachten Sie den letzten Satz und überlegen Sie, welche Bedeutung *per cui* haben kann.
Per cui ist ein Synonym für ____________________________.

E inoltre 2

11 Capacità logiche.
Kreuzen Sie die richtige Antwort wie im Beispiel an.

1. *Grande* sta a *piccolo* come *alto* sta a X.
   ☒ basso ☐ bravo ☐ allegro
2. *Vigile* sta a *poliziotto* come *biglietteria* sta a X.
   ☐ replica ☐ botteghino ☐ guida
3. *Raccontare* sta a *narrare* come *fare la fila* sta a X.
   ☐ fare notizia ☐ fare le fusa ☐ fare la coda
4. *Arrivare* sta a *partire* come *avere soldi* sta a X.
   ☐ essere al verde ☐ essere a dieta ☐ essere d'obbligo
5. *Freddo* sta a *caldo* come *rumore* sta a X.
   ☐ silenzio ☐ riposo ☐ fastidio
6. *Apertura* sta a *chiusura* come *buone maniere* sta a X.
   ☐ maleducazione ☐ controproposta ☐ comportamento

4

12 Wählen Sie die passende Präposition.

1. Chi arriva tardi al cinema dà fastidio **con / a** chi è già seduto.
2. Quante volte assistiamo **di / a** episodi di maleducazione!
3. La nuora non va quasi mai d'accordo **con / a** la suocera.
4. Laura è troppo sicura **di / con** sé. La trovo odiosa!
5. Sono socievole ma **allo / a** stesso tempo timido.
6. Sono così amanti **di / della** famiglia che non la lasciano mai.
7. Non ti sei accorta **alla / della** sua gelosia?
8. Hai perso il treno anche oggi. Io **al / nel** tuo posto mi alzerei prima.
9. Così, **su / con** due piedi, non saprei cosa decidere.
10. Assomigli molto **per / a** tuo padre, di cui ho un ottimo ricordo.
11. Giulia è sempre **alla / nella** ricerca di nuove esperienze.
12. Siamo così stanche che non ci viene **per / in** mente più niente.
13. Avete finito **con / di** l'odiare le preposizioni?

Buon viaggio!

1 Finden Sie im Gitterrätsel 17 Wörter (8 waagerecht ➔, 5 senkrecht ⬇ und 4 diagonal ⬊ ⬋) aus dem Bereich »Reisen«. Schreiben Sie dann die gefundenen Wörter in die richtige Spalte.

1

v	c	a	m	p	e	g	g	i	o	l	i
i	a	s	a	c	c	o	a	p	e	l	o
d	u	b	a	g	a	g	l	i	t	i	m
e	t	n	u	r	z	i	a	o	r	b	b
o	o	i	a	a	c	a	m	p	e	r	r
c	d	a	i	v	o	u	e	i	n	i	e
a	d	n	s	e	e	t	s	r	o	r	l
m	o	d	i	a	r	i	o	p	e	i	l
e	a	l	b	e	r	g	o	n	b	o	o
r	b	i	c	i	c	l	e	t	t	a	m
a	g	r	i	t	u	r	i	s	m	o	r

mezzi di trasporto	sistemazione	oggetti per il viaggio

5

2 Bilden Sie Sätze.

2 1. è l'ideale – dei bambini – il villaggio turistico – se si hanno

____.

2. che – siete stati – ho saputo – in un villaggio turistico – l'estate scorsa

____.

3. ci ho lavorato – lo conosco già – perché – il villaggio – come animatore

____.

4. della – catalogo – ti porto – se vuoi – qualche – zona

____.

5. partiamo – non – i bagagli – quando – ci bastano mai

____.

3 Un incontro.
Ergänzen Sie den folgenden Ausschnitt mit den Verben *sapere* und *conoscere* in der passenden Zeitform.

Quando l'ho visto per la prima volta non ______________ che era un famoso chirurgo. Non ______________ ancora niente di lui e non avevo il coraggio di parlargli, anche se da poco tempo viveva nel mio stesso palazzo. Io però ______________ Marco, un suo amico e collega, che ______________ del mio problema alla gamba. Un giorno Marco mi ha presentato il mio nuovo vicino di casa (il famoso chirurgo che si chiama Piero) e, mentre parlavamo del più e del meno, ho capito che poteva aiutarmi. Lui è stato gentilissimo e, lo stesso giorno in cui l' ______________, mi ha visitato in ospedale. Adesso sono qui a casa sul divano, a riposo e con il piede per aria. La mia gamba sta bene, ma non ____________ ancora quando posso riprendere a sciare. Ma non c'è problema, ora che ____________ Piero!

4 In welchen Sätzen verwendet man das Verb *volere* im Sinne einer höflichen Bitte (G = chiedere gentilmente qualcosa), in welchen zur Äußerung eines Wunsches / einer Absicht (D = esprimere un desiderio / un'intenzione)?

3

	G	D
1. Volevamo andare a trovare Carla, ma era partita.	☐	☐
2. Volevo chiedergli un favore, ma poi ce l'ho fatta da solo.	☐	☐
3. Volevamo sapere se ci ha riparato la macchina.	☐	☐
4. Voleva chiedermi qualcosa? Dica pure!	☐	☐
5. Volevo conoscere la strada che porta a via Verdi. È questa?	☐	☐
6. Voleva raggiungere Taormina, ma ha perso l'aereo.	☐	☐

5 Ergänzen Sie mit der passenden Form von *nessuno*.

5

1. ____________ conosce la mia vera età.
2. Non ho ____________ voglia di dormire in tenda.
3. ____________ scrittore mi piace come Baricco.
4. Quando vado in moto non ho ____________ paura.
5. Quella nave non ferma in ____________ porto francese.
6. Ha camminato nel bosco per due ore e non ha sentito ____________ rumore.
7. ____________ delle americane che ho conosciuto in vita mia parla italiano.
8. Se ____________ mi accompagna all'agenzia, ci vado da solo.

6 Fügen Sie die folgenden Ortsangaben in den Text ein.

in un'agenzia | dalla porta | fuori | fuori dall'Italia | alle pareti | sotto il sole a picco | tra la folla di stranieri

Il giorno dopo siamo andati ________________ a comprare due biglietti Venezia-Pireo. Era la prima volta in vita mia che facevo un viaggio ________________ e la cosa mi riempiva di agitazione. Siamo arrivati nel porto di Atene ________________________ di mezzogiorno. C'era una quantità incredibile di giovani a gruppi, a coppie e singoli. Mentre Guido è entrato in un'agenzia di viaggi e si è fatto largo ________________________ che assediava il bancone, io sono rimasto ______________ con la moto. ________________ lo vedevo guardare le ragazze intorno e le carte geografiche ________________.

5

7 Ergänzen Sie mit dem jeweiligen Verb im *passato prossimo* oder *imperfetto*.

7

1. Prima di partire (noi – fare) ______________ brevi preparativi, (mettere) __________________ da parte le poche cose che (volere) ______________ portare. Io (avere) ______________ ancora la tenda canadese della mia vacanza con Roberta, (volere) __________ portarla, ma Guido (dire) ____________ che non (servire) ________________.

2. Mara e Silvia (arrivare) ____________________ all'aeroporto alle 10 di mattina e (aspettare) ____________________ i loro bagagli per quasi un'ora. Poi (uscire) ______________.

(Essere) ______________ indecise se prendere il taxi o aspettare l'autobus. Alla fine (preferire) __________________ l'autobus. (Arrivare) ____________________ in centro città mezz'ora dopo perché (esserci) ________________ un traffico terribile e la gente (camminare) __________________ in mezzo alla strada.

3. Quando Franco (arrivare) _________________ per la prima volta a Venezia, (prendere) ______________ la gondola e (andare) _______________ verso piazza San Marco. (Volere) _________________ visitare il Palazzo Ducale. Quel giorno però (esserci) _______________ un caldo terribile, l'aria condizionata non (funzionare) __________________ e così il Palazzo Ducale (essere) ____________ chiuso. Franco purtroppo (rimanere) __________________ fuori.

5

8 Welches Verb passt zu den folgenden Ausdrücken?
Achtung: Es gibt mehrere Möglichkeiten!

| avere | essere | dare | fare |

______________ al verde

______________ fastidio

______________ bisogno

______________ luogo

______________ una mano

______________ una proposta

______________ paura

______________ in forma

______________ stanco

______________ in giro

______________ la fila

______________ un consiglio

______________ notare

______________ un'ipotesi

______________ dei programmi

______________ d'accordo

9 Bringen Sie die Sätze in eine logische Reihenfolge, wie im Beispiel.

a. Andrea …
- ◯ ha prenotato l'aereo
- ◯ ha messo nello zaino il diario di viaggio
- ① ha chiesto informazioni sulla sistemazione
- ◯ ha trascorso le vacanze in campeggio
- ◯ ha pagato il biglietto

b. Veronica …
- ◯ ha aspettato i bagagli
- ◯ è arrivata a casa
- ◯ è uscita dall'aeroporto
- ◯ è scesa dall'aereo
- ◯ ha chiamato un taxi

c. Franca …
- ◯ ha preso l'autostrada
- ◯ ha comprato un sacco a pelo
- ◯ ha messo da parte i soldi per il viaggio
- ◯ ha controllato la moto e ha fatto benzina
- ◯ ha deciso di fermarsi là qualche giorno in più

5

10 Vervollständigen Sie Elisas Erzählung mit den passenden Adjektiven. Achtung: In der Liste sind drei Adjektive zu viel!

9

bruttissimo	caro	cauto	chiuso	eccitato
indeciso	piccolo	rotto	solo	sporco	turistico

Sono partita di venerdì 17! Per questo mi aspettavo di tutto, ma non fino a questo punto! Intanto il posto era molto ____________ (quante persone!) e l'albergo che mi piaceva era ____________ da due giorni. Così ne ho scelto un altro, molto ____________, se pensi che nel prezzo non era compresa la colazione. La camera poi era ______________ (forse 10 mq) e __________. Nel bagno poi la doccia non funzionava. Capisci?? Era ________! Per finire il tempo era _____________, quindi, stanca di tutte queste disavventure, mi sono fermata là due __________ notti. Poi me ne sono venuta via!

11 Paese che vai …

In jeder Gruppe von Sätzen / Ausdrücken gibt es zwei mit ähnlicher Bedeutung. Nacheinander gelesen ergeben die Buchstaben in den verbleibenden Kästchen die Fortsetzung des Titels.

1.	Ma dici sul serio?	A	L
	Ma davvero?	U	N
	Ma sei occupato?	U	S
2.	Che guaio!	N	E
	Mi dispiace!	A	N
	Che sfortuna!	T	O
3.	C'è molto traffico.	Z	A
	Si fa largo fra la gente.	R	A
	Cerca di passare tra la folla.	S	E
4.	Non ne posso più di te!	M	A
	Che difficile sopportarti!	N	O
	Che disastro!	C	H
5.	Ci siamo fermati là un'ora.	L	E
	Ci è voluta un'ora.	E	T
	Siamo rimasti lì un'ora.	O	S
6.	Che peccato!	R	O
	Roba da matti!	S	E
	Incredibile!	L	A
7.	È fastidioso ascoltarti.	V	I
	Questo suono mi dà fastidio.	P	O
	Questo rumore è fastidioso.	R	A

Lösung: _ _ _ _ _ _   _ _ _   _ _ _ _ _.

Questo proverbio significa che ogni luogo ha le sue abitudini e il proprio modo di vivere.

12 Verbinden Sie die Sätze und ergänzen Sie *vuole/vogliono – ci vuole/ci vogliono.*

1. I miei non ________________
2. Per andare in centro
3. Quanto ________________
4. Per imparare una lingua ________________
5. Per raggiungere Torino
6. Scusi, ____________ prenotare
7. Maria non ________________

a. passione e pazienza.
b. arrivare in ritardo.
c. prendere l'aereo da sola.
d. ________________ solo un quarto d'ora.
e. per arrivare a Genova?
f. _____________ più di tre ore?
g. l'aereo o il traghetto?

13 Un viaggio a … Vervollständigen Sie die fehlenden Reimwörter dieses Gedichts (z. B. cu*ore* – am*ore*).

Tempo fa, col mio amico Luigi
sono stata in Francia, ____ ____________ .
È stato davvero molto bello,
ma pioveva e avevo sempre ____ _____________ .
Forse era meglio andarci in ________________
quando si può uscire anche di sera.
Là è così freddo in ___________
che sarebbe meglio stare all'inferno. (*)
Di soldi non ce n'erano tanti
e abbiamo evitato tutti i _____________ .
Ci siamo fermati là ____ ______________
mangiando solo qualche banana.
Ed il giorno della ___________
di soldi eravamo proprio senza.
Prima abbiamo visto la Gioconda di _____________
mentre mangiavamo un panino al lardo (**).

Poi siamo saliti sulla torre ___________ .
Oh, Dio, quanto è stato bel !!! (***)
Amo davvero viaggiare:
giro sempre per monti e per ___________ .
Dopo pochi giorni son tornata via,
era ora di tornare a casa _______ .
Anche l'Italia è molto interessante
e di bellezze ce ne sono __________ .

* l'inferno = contrario di paradiso;
** il lardo = grasso di maiale;
*** licenza poetica = ... (lo)

14 In un'agenzia viaggi. Ergänzen Sie die passenden Wörter.

● Buongiorno.
◆ Buongiorno. Senta vorrei delle ____________________
sull'___________________ della Maddalena.
● Certo, dica. Sono qui per questo.
◆ _________ di tutto volevo sapere come lo posso _____________ .
● Beh, può _____________ in treno fino a Civitavecchia e poi
prendere il ______________ per la Sardegna.
◆ E quanto tempo ______ ___________?
● Con il traghetto 8 ______ .
◆ Hm, è un po' troppo...
● E allora perché non prende l'____________? Con quello ______
__________ meno di due ore.
◆ Oddio, no, io ho paura ______ ____________. No, no, allora
preferisco il traghetto. E scusi, quanto viene più o _________?
● La poltrona ___________ ai 25 € e il posto _________ circa 17.
◆ Mm, bene. La ringrazio. Ah, ancora una cosa. Qual è l'orario di
_______________?
● Ce ______ uno che parte alle 8.30 di mattina e uno la sera alle
23. L'orario di ___________ sono le 4.30 e rispettivamente le 7.

L'importante è mangiare bene!

1 Cruciverba.

1 In den folgenden Sätzen fehlen einige Wörter (die Sie gerade erst gelernt haben). Fügen Sie diese in das Gitterrätsel ihrer Nummer entsprechend ein. Die markierten Kästchen ergeben ein neues Wort, das «cibo» bedeutet.

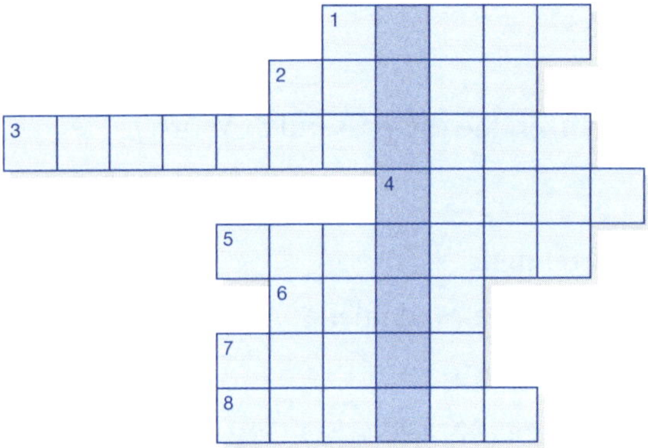

6

1. Se non ho tempo faccio un ___________ veloce.
2. La torta, i biscotti e il tiramisù sono dei ___________.
3. Chi non mangia carne è un ___________.
4. Gli studenti universitari mangiano quasi sempre alla _________.
5. Il riso è un ___________.
6. A pranzo mangio al ristorante, a ___________ invece a casa.
7. Quando ho poca fame ___________ il pasto.
8. Io ho un ___________ per il gelato. Mi piace da morire!

Lösung: _ _ _ _ _ _ _ _

2 Diversi modi di mangiare.
Finden Sie das jeweilige Gegenteil der folgenden Ausdrücke.

4

mangiare sempre le stesse cose	evitare le verdure
pranzare regolarmente	essere un grissino
mangiare di tutto	usare molto burro

saltare i pasti ≠ ______________________

essere vegetariani ≠ ______________________

essere a dieta ≠ ______________________

variare la dieta ≠ ______________________

limitare i grassi ≠ ______________________

essere in sovrappeso ≠ ______________________

3 Bringen Sie den Dialog in die richtige Reihenfolge.

◯ Mah, dipende. Se ti organizzi bene …

◯ Ma dai, come al solito esageri sempre!

◯ Come hai fatto a dimagrire così?

◯ Ah, anche a me farebbe bene! Però è anche una questione di tempo!

◯ Parli bene tu! Io ho sempre troppi impegni.

◯ Beh, ho seguito una dieta, ero troppo grassa! Ho imparato a mangiare meglio e bene. Una volta mangio solo pasta e una volta carne.

6

4 Consigli.
Ordnen Sie jeder Zeichnung den passenden Ratschlag zu.

1. Dovrebbe stare più attento al traffico!
2. Dovrebbe scegliere un albergo!
3. Ogni tanto dovrebbe arrivare puntuale!
4. Non dovrebbe chiamare così tardi!
5. Non dovrebbe uscire senza ombrello!
6. Non dovrebbe essere così litigiosa!

5 Imperativo.
Formulieren Sie die Sätze von Übung 4 im Imperativ (Du-Form).

1. ______________________________________.
2. ______________________________________.
3. ______________________________________.
4. ______________________________________.
5. ______________________________________.
6. ______________________________________.

6 Problemi di dieta?
Vervollständigen Sie diesen Text im Imperativ (Du-Form), wie im Beispiel.

1. (Cercare) Cerca di non saltare mai i pasti. Così non ti butti, affamato, su tutti i cibi che vedi.
2. (Mangiare) ___________ regolarmente a orari precisi.
3. Nel corso della giornata, ogni tanto, (fare) ___________ una pausa: (guardare) ___________ una rivista, (dare) ___________ acqua ai fiori, (telefonare) ___________ a un'amica.
4. (Andare) ___________ a camminare un po' ogni giorno. Anche 15 minuti di passeggiata aiutano a ridurre lo stress e a farti sentire meglio con te stesso.
5. Quando mangi, (provare) ___________ ad apprezzare l'aspetto, il colore, la consistenza del cibo. Chi usa tutti i sensi durante il pasto ha più capacità di controllare quel che mangia.
6. (Evitare) ___________ il panino davanti al computer. Quando mangi, (mangiare) ___________ e basta. Possibilmente seduto a una tavola ben apparecchiata, anche se sei solo.
7. (Masticare*) ___________ bene e lentamente. Non ci riesci? Ecco come fare. Tra un boccone** e l'altro, (mettere giù) ___________ la forchetta.
8. Se trascorri molte ore in casa, (tenere) ___________ il cibo lontano dalla tua vista.
9. (Scrivere) ___________ un diario giornaliero di tutto quello che mangi, anche fuori pasto. Questo aiuta a capire se e dove stai esagerando.

* masticare = usare i denti per mangiare
** il boccone = quantità di cibo che in una sola volta si mette in bocca

6

7 Decalogo dello studente.
Ein Spaßvogel hat alle Vorschriften der im Klassenzimmer aushängenden Verhaltensregeln verändert. Was hat er geschrieben?

1. ~~Segui~~ i consigli degli insegnanti! Non seguire ______________ !
2. Non parlare durante le lezioni! ______________ !
3. Non copiare durante i temi! ______________ !
4. Se non capisci chiedi! ______________ !
5. Fa' sempre gli esercizi a casa! ______________ !
6. Non chiedere sempre di uscire! ______________ !
7. Studia ogni giorno! ______________ !
8. Non dormire in classe! ______________ !
9. Non dare fastidio in classe! ______________ !
10. Non mangiare durante le lezioni! ______________ !

6

8 In famiglia.
Ergänzen Sie den Dialog mit den folgenden Verben.
6

metto	dovremmo	ti serve	mi servono	
hai bisogno	ti serviva	volevo	ho rotte	mi serve

● Senti, ______________ della macchina stamattina?
◆ No, non ______________, perché?
● Beh, prima di tutto il frigo è vuoto e ______________ assolutamente fare la spesa, e poi ______________ passare dal nuovo centro commerciale. Anzi se vuoi venire anche tu ...
◆ No, guarda, oggi ho tante di quelle cose da fare!
● Va beh, ho capito ...

◆ Dai, io qui intanto _____________ un po' in ordine.

● Hm, va bene. Senti, _____________ qualcosa?

◆ No no, grazie! Oh, anzi sì, dei salatini, un po' di patatine e … due bottiglie di vodka. Ah, e poi _______________ anche dei piatti di plastica e delle tazze nuove perché le ___________ quasi tutte!

● Salatini, patatine, piatti e tazze …. per fortuna che non _____________ niente!

9 Vervollständigen Sie die Sätze mit *servire* in der entsprechenden Zeit und dem passenden Pronomen.

1. Signora, _____ _____________ ancora qualcos'altro?
2. Oggi piove, _____ _____________ l'ombrello, altrimenti ti bagni tutto.
3. Non capisco questi vocaboli. _____ _____________ il vocabolario.
4. Non abbiamo finito, _____ _____________ ancora alcune ore.
5. Le diete non _____ _____________ a niente, se non le seguite.
6. _____ _____________ altri integratori dietetici. Devo tornare in farmacia.
7. _____ _____________ i libri che vi ho imprestato o sono stati inutili?
8. L'articolo che mi hai dato non _____ _____________ a niente e non l'ho usato!
9. Luca non è sicuro di sé. _____ _____________ sempre dei buoni consigli.

6

10 Ersetzen Sie *quello che* mit einem der folgenden Ausdrücke und verändern Sie, wo nötig, Verben und Adjektive.

8

le regole che	~~la cosa~~ che	le sensazioni che
le parole che	i libri che	le cose che
i prodotti che	il cibo che	le chiacchiere che

1. Ha fatto esattamente *quello che* le ho consigliato.
   Ha fatto esattamente *la cosa che* le ho consigliato.
2. Quello che ha detto è molto interessante.
   ______________________________.
3. È importante quello che mangiate.
   ______________________________.
4. Sta' attento a quello che scegli al supermercato.
   ______________________________.
5. Quello che i professori vi insegnano è sempre utile.
   ______________________________.
6. Leggi solo quello che ti serve per lo studio.
   ______________________________.
7. Vorrei comunicarti quello che provo.
   ______________________________.
8. Quello che senti in giro non sempre è vero.
   ______________________________.
9. Quello che non mi piace non lo faccio.
   ______________________________.

6

11 Fügen Sie folgende Verben in die linke Spalte ein. Achtung: Man kann jedes Verb nur einmal verwenden!

essere una questione di – fare – osservare – perdere
prendere – riscoprire – sostenere – spegnere – variare

1. ______________________ il gusto della tavola
2. ______________________ il gusto
3. ______________________ una regola
4. ______________________ tempo
5. ______________________ la TV
6. ______________________ i prodotti locali
7. ______________________ le scale
8. ______________________ l'ascensore
9. ______________________ la dieta

6

12 Beantworten Sie die Fragen wie im Beispiel.

9

Posso aprire la porta?	*Sì, certo, aprila!*	*No, non aprirla!*
1. Posso invitare Marco?	______________	______________
2. Porto anche le foto?	______________	______________
3. Devo chiudere la finestra?	______________	______________
4. Faccio un altro caffè?	______________	______________
5. Posso spegnere la radio?	______________	______________
6. Posso prendere il tuo ombrello?	______________	______________
7. Devo andare in centro?	______________	______________

13 Chi lo dice?

a. Oddio, non mi pare tanto cotta ... n° ______

b. Ma quanto è stato in forno? n° ______

c. Ma chi ci ha messo tutto questo pepe? n° ______

d. Mi sa che il cuoco ha dimenticato il sale ... n° ______

e. Bleah, sembra acqua di mare! n° ______

f. Veramente ottima! n° ______

14 Cercate l'intruso.
Wenn die Antworten richtig sind, ergeben die Buchstaben der »Eindringlinge« ein neues Verb.

1. la danza PA – il ballo RO – il lavandino AS
2. il sovrappeso CI – la tazza SA – la caloria DE
3. Con quale frequenza? F – Quante volte? L – Dici sul serio? G ?
4. dimagrire S – camminare G – pesarsi M
5. lo spuntino ZA – la merendina BI – la posizione IA
6. recente R – cotto L – crudo S
7. abbondante O – mediterraneo E – tanto I

Lösung: __ __ __ __ __ __ __ __ __ __ è sinonimo di *provare* (un cibo).

Mens sana …

1 Finden Sie sechs Körperteile (waagerecht aufeinander folgend), auf die sich die folgenden Sätze beziehen. Die verbleibenden Buchstaben ergeben die Fortsetzung des Lektionstitels.

2

1. Proteggila col cappello! ______________________
2. Non comprare scarpe così piccole. ______________________
3. Coprile con un berretto. ______________________
4. Dovresti andare dal dentista. ______________________
5. Come mai ci vedi così male? ______________________
6. Basta con le bibite fredde! ______________________
7. Perché non usi mai la crema solare? ______________________

	I	N	O	C	C	H	I	P
E	L	L	E	C	O	P	A	N
C	I	A	R	P	O	D	E	N
T	I	R	E	S	O	R	E	C
C	H	I	E	A	T	E	S	T
A	N	P	I	E	D	I	O	

Lösung: (…) __ __   __ __ __ __ __ __ __   __ __ __ __.

Questo proverbio dello scrittore latino Giovenale significa che dobbiamo avere cura del corpo e anche della mente.

"Caro, sai che sono diventata allergica ai collier?"
"Davvero?!" Le risponde felice il marito avaro.
"Sì, mi sento male ogni volta che ne vedo uno al collo di un'altra signora."

2 Siamo tutti uguali (o quasi).
Ergänzen Sie mit den »Körperteilen«.

Abbiamo due b ______________ (più o meno forti), due g __ __ __ __ __, due p ______________ (misura media per le donne italiane: 37), due __ __ __ __ con dieci d ______________ e (quasi sempre) 32 d ______________. Abbiamo due o __ __ __ __ __, (più o meno blu) e due o r __ __ __ __ __ __ __. Abbiamo anche una t ______________ (che spesso non usiamo) sopra il c ______________.
Se mangiamo troppo abbiamo pure la p __ __ __ __ __ __.
La b __ __ __ __ __ ci serve per parlare e il n ______________ per sentire gli odori.

Lösung: Chi usa prevalentemente la mano sinistra è un
__ __ __ __ __ __ __.

7

3 Finden Sie die zu den Ratschlägen passenden Beschwerden und ergänzen Sie die richtigen Präpositionen.

| mal di pancia | stress | mal di schiena | irritazione alla pelle |
| allergia al polline | raffreddore | mal di denti | |

1. Va' _____ dentista!
2. Non stare sempre _____ sole!
3. Non tenere il bambino _____ braccio!
4. Evita di andare _____ campagna in primavera!
5. Mangia _____ bianco!
6. Riposa _____ più e lavora meno!
7. Va' _____ farmacia!

4 Schreiben Sie die Sätze von Übung 3 im Imperativ (Sie-Form), wie im Beispiel.

3

1. *Vada* _______ dentista!
2. ____!
3. ____!
4. ____!
5. ____!
6. ____!
7. ____!

5 Una lettera di protesta. Der Chef eines Büros hat genug vom Benehmen eines Angestellten und schreibt ihm einen Brief. Vervollständigen Sie diesen mit den folgenden Verben im Imperativ.

alzarsi • andare • arrivare • bere • essere • fermarsi • mettersi • perdere richiamare • ricordarsi • salutare • seguire • tornare • trattare

Egregio signor Rossi,
da quando l'azienda si è ingrandita abbiamo bisogno di persone più capaci. Lei ultimamente ci sta dando problemi. Se vuole rimanere da noi, non _________ più in ritardo al lavoro! _________ a dormire prima la sera e _________ subito quando si sveglia! __________ un paio di caffè prima di uscire di casa, così in ufficio non dorme. Quando esce per andare in banca __________ subito, non ___________ tempo e non ____________ al bar. Se incontra delle amiche, le ___________ velocemente e non le ___________ . Le __________ quando è a casa sua e non con il nostro telefono. __________ meglio le mie segretarie e i colleghi. ______ infine più elegante e _____________ ogni tanto giacca e cravatta!
Dr. Verdi
P. S.: E _____________ di salutarmi appena entra in ufficio!

7

6 Vervollständigen Sie die Sätze mit dem jeweils passenden Substantiv.

4

il riposo | un disturbo | il colpo di sole | l'aspirina | i medicinali | il collo | il ginocchio

1. ______________ va bene soprattutto dopo un duro lavoro.
2. ______________ sta a metà della gamba.
3. ______________ unisce la testa alle spalle.
4. ______________ si comprano in farmacia.
5. ______________ prima o poi arriva per tutti.
6. ______________ a volte fa venire il mal di testa.
7. ______________ può andare bene per (quasi) ogni tipo di male.

7

7 Ergänzen Sie mit dem Imperativ in der Höflichkeitsform (mit oder ohne *non*).

1. Se ha la pelle così delicata, (stare) ____________ troppo al sole!
2. Se ha disturbi di stomaco, (mangiare) ____________ in bianco!
3. Se Le gira la testa, (cercare) ____________ di riposare!
4. Se Le succede ancora, (correre) ____________ subito in uno studio medico!
5. Se Le posso dare un consiglio, (perdere) ____________ così tanto tempo!
6. Se ha già perso così tanto peso, (dimagrire) ____________ di più!
7. Se ha bisogno di aiuto, mi (chiamare) ____________ pure!

8 Formulieren Sie die Sätze mit *Lei*.

1. Dedicami un minuto, per cortesia! ______________________!
2. Vieni presto, per favore! ______________________!
3. Non spedire subito la lettera! ______________________!
4. Dille di portare i soldi! ______________________!
5. Fammi un favore! ______________________!
6. Le chiavi mettile sul tavolo! ______________________!
7. L'acqua bevila naturale! ______________________!
8. Rivolgiti alla mia segretaria! ______________________!

9 Mancanza di fiducia.
Ergänzen Sie die Präpositionen.

6

È ____ ieri che il signor Natta ha mal ____ schiena e si è messo ____ letto. Ma oggi non ce la fa più e va ____ medico. Il dottor Franchi gli dice che probabilmente è un problema ____ stress e quindi gli suggerisce* di imparare ____ rilassarsi e gli consiglia di andare ____ palestra a fare un po'____ sport. Il signor Natta domanda se correre fa bene ____ schiena, ma il medico gli risponde ____ no. Lui però non si fida ____ dottor Franchi e si rivolge ____ un altro specialista che gli consiglia di non fare assolutamente sport e di stare ____ letto il più possibile.

* suggerire = consigliare

10 Vervollständigen Sie mit *bene, meglio, benissimo, buono, migliore, ottimo.* Die markierten Kästchen ergeben ein italienisches Sprichwort.

7

1. La Juve ha giocato ________, ma ha vinto l'altra squadra, che ha giocato ________ .
2. Il professor Sala insegna molto ________. È l'insegnante ________ che abbiamo!
3. Quando fa molto caldo bevo volentieri una limonata perché è un' ________ bibita.
4. ________ questa bistecca, ma la cotoletta di ieri era ________!
5. Frequento un corso di nuoto perché fa ________, anzi ________ !
6. Ho cucinato una pasta e fagioli ________ di quella che si mangia al ristorante!
7. L'omeopatia fa ________, ma secondo me la medicina tradizionale fa ________.
8. Il prezzo era davvero ________, ma la qualità non era così ________!

Lösung: Il ________ è nemico del ________ . Significa che non bisogna esagerare e voler fare tutto in modo troppo perfetto.

11 In der Spirale finden Sie 20 Wörter dieser Lektion (nacheinander geschrieben). Die verbleibenden Buchstaben ergeben, nacheinander gelesen, den Namen einer Sportart – Synonym für *basket*.

9

S	T	O	M	A	C	O	P	A	S	C	H	I
O	M	E	D	I	C	O	A	C	D	E	N	E
I	I	A	E	P	L	A	S	T	I	C	T	N
D	C	I	O	F	I	S	I	C	O	A	I	A
U	N	Z	T	A	O	N	U	O	R	A	S	L
T	A	I	S	F	R	E	D	T	C	B	T	A
S	P	C	I	F			D	O	O	I	A	L
A	N	R	L	A	E	R	O	S	N	T	B	L
T	A	E	C	R	O	E	T	E	T	O	O	E
S	I	S	I	C	O	L	L	O	R	S	C	R
I	C	E	T	S	A	R	D	A	U	Q	C	G
L	C	A	R	B	A	O	T	T	E	P	A	I
U	C	O	A	N	I	C	I	D	E	M	L	A

12 Folgen Sie diesen Ratschlägen und fügen Sie die folgenden Adjektive – wo nötig dekliniert – ein.

adatto | alcuno | estivo | fisico | medico | pesante | sportivo | stanco | vuoto

7

Con l'estate gli italiani si scoprono __________ (ben 34 milioni praticano attività sportive nei mesi __________).

Ecco __________ regole da seguire:

- Scegliete lo sport in base ai vostri gusti e alla vostra costituzione __________.
- Fate sempre un controllo __________ prima di iniziare a fare sport.
- Se vi sentite __________ fermatevi!
- Potrebbe essere pericoloso fare sport a stomaco __________.
- Comprate scarpe __________ al tipo di sport che avete scelto.
- Non usate abiti troppo __________ durante l'esercizio fisico.

13 Vervollständigen Sie die Tabelle mit dem Imperativ.

	tu		voi	Lei
andare			(Non) andate!	
avere				
		Non bere!		
				(Non) cerchi!
	Da'!			
dire				
dormire				
essere				
			(Non) fate!	
sapere				
spedire				
stare				
				(Non) tenga!
			(Non) venite!	

7

E inoltre 1

14 Wenn Sie das jeweils richtige Wort einsetzen, haben die beiden Sätze die gleiche Bedeutung.

convincermi | efficace | la ragione | una scusa
preoccupi | si è iscritto | Quanto | ultimamente

1. Hai sempre ______________ pronta!
   • Trovi sempre il modo per non fare qualcosa!

2. Sei riuscito di nuovo a ______________!
   • Anche stavolta devo darti ragione!

3. Ti ______________ per la sua salute?
   • Hai paura che non stia bene?

4. Hai preso una nuova auto ______________?
   • Di recente hai cambiato macchina?

5. Da poco ______________ in una palestra.
   • Ha appena iniziato un corso di tai chi.

6. ______________ hai scritto non mi è piaciuto!
   • Nella tua ultima lettera sei stato maleducato!

7. Qual è ______________ per cui non sei venuto?
   • Mi spieghi perché ti ho aspettato per niente?

8. L'omeopatia è un rimedio ______________.
   • Secondo molti la medicina alternativa è utile.

15 E inoltre 2

Ergänzen Sie den richtigen Satzanschluß.

1. Il numero di coloro _______ si rivolgono alla medicina alternativa è triplicato in Italia _______ con notevoli differenze all'interno del Paese.	chi/che se/anche se
2. Per molti è efficace la fitoterapia, _______ per altri sono più utili i massaggi.	che/mentre
3. _______ vi sentite stanchi, interrompete l'esercizio fisico!	Se/Ma
4. La ragione _______ gli italiani praticano il nuoto è che è uno sport completo.	per cui/perché
5. Quella è una città in _____ siamo già stati.	che/cui
6. _______ il 10,4% dei bambini viene curato in Italia con medicine non convenzionali.	Anche/Anche se
7. Il vantaggio di curarsi con l'agopuntura è _______ non usa sostanze tossiche.	che/perché

7

Il mondo del lavoro

1 Wer wird gesucht? Ergänzen Sie die Stellenanzeigen mit den folgenden Berufen.

1

architetto per interni | cuoco | infermiere | ingegnere | insegnante | medico | panettiere | pensionato | segretaria | studente

Azienda leader nei servizi di pulizia ricerca

____

conoscenza inglese e tedesco,
conoscenza DOS e WINDOWS
max 30 anni
Domanda a: Att.ne Enrico Caruso,
corso Melette 57, 36100 Vicenza ①

Ministero degli Esteri cerca

____

Specializzazione in chirurgia
Disponibilità a trasferirsi in Africa
per due anni
Curriculum a: Att.ne Dottor Franchi,
viale Farnesina 1, 00194 Roma ②

Studio tecnico di Trieste cerca
per la sua sede di Udine

____

esperto in strade e autostrade con ponti
Curriculum a: stutec@virgilio.it ③

Cercasi per ristorante
(solo periodo natalizio)

______________ con esperienza
cucina e specializzato nei primi
Scrivere a: Att.ne Mario Gavazzano,
via del Cerreto 4, 34122 Trieste ④

Cercate un impiego part-time da fare a casa?

Abbiamo la giusta occasione per voi.

Cerchiamo ______________ sotto i 25 anni
con un po' di tempo libero, militare assolto,
nessuna esperienza nel settore.
Telefonare allo 02/26411900 chiedendo di Marco ⑤

2 Previsioni meteo.

Vervollständigen Sie mit dem Futur.

3

Questa settimana il tempo ____________ variabile.	essere
Nel corso della giornata di domani (noi) ____________	avere
forti piogge al Nord e ___________ sulle Alpi. A partire	nevicare
dal pomeriggio di giovedì le nubi ___________________	lasciare
il posto ad un debole sole e la temperatura __________	salire
sopra la media. Domenica __________ il brutto	tornare
tempo e _______________ forti precipitazioni su tutta	esserci
la penisola. ____________ un forte vento da Est e i	tirare
mari __________ mossi o molto mossi.	essere

3 I sogni di Sofia.

Ergänzen Sie mit dem Futur der folgenden Verben.

conoscere | essere (2) | avere | dovere | vivere | fare | potere

Quando (io) _________ grande _________ l'interprete. Così _________ la possibilità di girare il mondo e di guadagnare un sacco di soldi. È vero, __________ andare via di casa, ma la mia vita __________ di certo molto interessante. __________ in una grande città, in una villa piena di stanze dove __________ invitare i moltissimi amici che sicuramente ____________ con il mio lavoro.

4 In den folgenden Sätzen fehlen einige Wörter (die Sie gerade erst gelernt haben). Fügen Sie diese in das Gitterrätsel ihrer Nummer entsprechend ein. Die markierten Kästchen ergeben ein neues Wort.

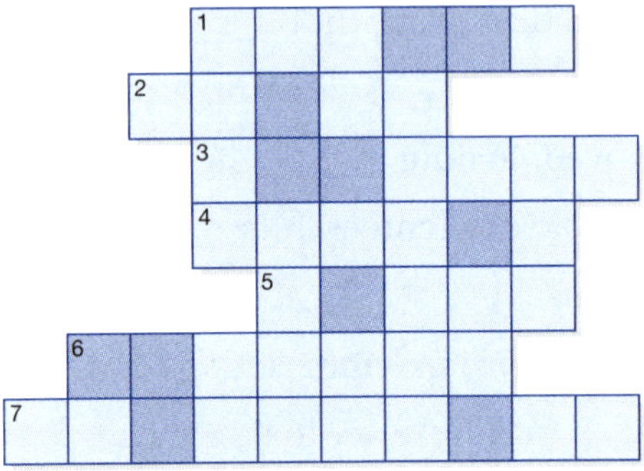

Adesso che hai un titolo di ❶, cosa pensi di fare?
Ultimamente ho perso il ❷ di lavoro. Come farò a mantenere la famiglia?
Suo fratello è ❸ : insegna presso la facoltà di ingegneria.
Sono stanchissimo. Che ❹ studiare e lavorare insieme!
Oggi devo riposare perché ho il ❺ di notte.
Veramente trascorri le ferie con i nonni? Io odio andare dai ❻ !
Ma è vero che avete ❼ di seguire un corso di formazione?

Lösung: Sono _ _ _ _ _ _ _ _ _ _ _ .

Significa: Sono senza lavoro.

5 In welchen Sätzen wird das Präsens anstelle des Futurs verwendet?

1. Oggi c'è molto traffico in centro. ☐
2. Quest'estate andiamo in vacanza in Sardegna. ☐
3. C'è posta per te. ☐
4. Ho mal di denti: domani vado dal dentista. ☐
5. Quando ho finito i compiti, esco con le mie amiche. ☐
6. Gli telefono domani. ☐
7. Sabato prossimo vado a un concerto. ☐
8. Aspettaci: siamo quasi pronti. ☐

6 Internet, servono delle regole.
Ergänzen Sie mit *è necessaria, si può, bisogna, c'è bisogno.*

6

Quando entriamo in Internet veniamo a contatto con un grandissimo numero di dati forniti (il più delle volte gratis) da altre persone. Per questo ___________ rispettare coloro che offrono a tutti informazioni che altrimenti sarebbero di pochi. ___________ un'autodisciplina*, perché ___________ decidere se entrare in Internet come persone corrette o meno. Insomma, non ___________ di sottolineare che è importante navigare nel rispetto delle regole di buona educazione.

* autodisciplina = disciplina (= complesso di regole per un comportamento corretto) che l'individuo impone a se stesso

7 Vervollständigen Sie mit den passenden Verben. Die Anfangsbuchstaben ergeben nacheinander gelesen ein neues Wort, das mit der Berufswelt zu tun hat.

attribuire	dare	elaborare	esprimere	laurearsi
noleggiare	osservare	praticare	rimanere	

___________ uno sport
___________ dei dati
___________ una macchina
___________ fastidio
___________ una regola
___________ con un'ottima votazione
___________ importanza
___________ a disposizione
___________ un'opinione

Lösung: Il _ _ _ _ _ _ _ _ _ è un lavoratore che non abita nello stesso luogo dove lavora.

8 Welche Sätze drücken das Gleiche aus? Schreiben Sie sie in die entsprechenden Zeilen der Tabelle, wie im Beispiel angegeben.

Caro Silvio, ho letto sul giornale che cerchi un impiegato e volevo sapere se puoi dare a me quel posto. Sai già la mia età e dove abito, abbiamo studiato insieme quindi sai che ho finito le scuole con 60/60. Forse sai anche che dopo il diploma ho lavorato qui a Verona. Più tardi ho fatto il traduttore a Rio de Janeiro e adesso dirigo qui la stessa azienda.
Ti mando il mio curriculum e, se hai altre domande, sarò ben felice di rivederti.
Ti ringrazio tanto, cari saluti.

Tuo Eros

lettera informale	**lettera formale**
Caro Silvio,	Egregio Dottor Neri,
	in riferimento all'annuncio pubblicato sul *Corriere* del 3.3.03,
	mi permetto di presentare domanda per l'impiego in questione.
	Ho 28 anni e risiedo a Verona.
	Mi sono diplomato in una scuola di lingue con il massimo dei voti.
	Fino al '97 ho lavorato presso l'Ufficio Turismo della mia città,
	poi mi sono trasferito per un anno in Brasile dove ero traduttore in un'azienda import-export.

8

	Da quando sono ritornato in Italia sono direttore della sede locale della stessa azienda.
	Le invio il mio curriculum e
	rimango a Sua disposizione per ulteriori informazioni
	che sarò lieto di fornirLe in occasione di un eventuale incontro.
	La ringrazio per la Sua gentile attenzione e
	Le porgo i miei più cordiali saluti.
	Eros Pavarotti

8

9 *La* o *Le*?

Unterstreichen Sie das richtige Pronomen.

7

1. Se mi lascia il numero di telefono **La/Le** chiamo io più tardi.
2. **La/Le** ringrazio molto dell'invito, ma purtroppo sabato ho un altro impegno.
3. **La/Le** telefono appena arrivo a casa, così possiamo parlare con più tranquillità.
4. Devo passare di persona o posso inviar **-La/-Le** il mio curriculum?
5. Se non ha la macchina posso passare a prender **-La/-Le** io!
6. **La/Le** serve una mano?
7. Non **La/Le** permetto di rispondermi in quel tono!
8. Venga, **La/Le** presento la signora Caruso.
9. Non conosco la strada. **La/Le** seguo con la mia macchina.
10. La mia salute non **La/Le** importa proprio niente?
11. Aspetti, **La/Le** apro la porta io!

10 Fügen Sie die folgenden Ausdrücke in den Dialog ein.

9

sbrigare | non ce la fai | lasci stare | mi sa che | per conto mio | mettere in proprio | ho presentato domanda | mi sono permessa | non vedo l'ora di | visto che

- Ma scusa, non sei stanca del tuo lavoro?
- In effetti sì. Anzi proprio oggi ho risposto a un annuncio e ______________________ all'azienda dei miei parenti.
- Ti hanno già risposto?
- Finora no e ____________ non lo faranno. Forse è meglio così, ____________ non andiamo molto d'accordo!
- Guarda che ______________________ di parlare di te al mio capo, ma ti devi ____________ a mandargli il tuo curriculum, perché altrimenti _______________ ad avere il posto.
- Mah, in fondo è meglio se _______________ ... Sai, non ne posso più di essere dipendente e ______________________ lavorare ______________________.
- Davvero sei sicura di volerti ______________________? Secondo me ci sono anche molti svantaggi ... Pensaci bene!

11 Futuro o supposizione?
Unterstreichen Sie diejenigen Ausdrücke im Futur, die einen zukünftigen Vorgang beschreiben.

12

1. Qua ci saranno 20°.
2. Alla festa di venerdì ci saranno 30 persone.
3. Fra due anni avrà trent'anni.
4. Mah, avrà trent'anni.
5. Parlerà quattro lingue.
6. Parlerà alla TV.

7. Potranno essere le cinque.
8. Potranno arrivare da un momento all'altro.
9. Chi sarà che suona a quest'ora?
10. Sarà un ottimo farmacista.

12 Qual è la reazione adatta?

Wenn Sie die Sätze richtig zugeordnet haben, ergeben die markierten Buchstaben nacheinander gelesen eine Redensart.

13

1. Hai un lavoro dipendente?
2. Sei mai stata all'estero?
3. Che orario di lavoro settimanale hai?
4. Sei impegnato tutto il giorno?
5. Che occupazione hai?
6. Hai qualche disturbo a causa del tuo lavoro?
7. Uomini e donne hanno lo stesso trattamento?
8. È duro il carico di lavoro femminile?
9. Le condizioni di lavoro sono migliorate ultimamente?
10. Cos'è che favorisce lo stress?

a. No, se paragonate a quelle di 5 anni fa. M A T
b. No, lavoro part-time. R A T
c. Lavoro con il computer. I C A
d. Di 38 ore. L A P
e. Sì, soffro di stress. D E L
f. No, i primi hanno lavori di maggior prestigio! L A G
g. Certo, perché è aggravato dalle attività familiari! R A M
h. L'eccessiva intensità del ritmo di lavoro. I C A
i. No, ho sempre lavorato qui in Italia. P I Ù
l. No, sono in proprio. V A L

Lösung:

___ __̀_ __ _______

_____ __________.

Significa che il lavoro pratico è spesso più importante della teoria.

13 Chi lo dice?

15 Hören Sie sich nochmals Track 26 auf der CD an und kreuzen Sie an, von wem die Äußerungen stammen. Achtung: Es können auch mehrere Personen für ein und denselben Satz in Frage kommen!

	Mara	Rita	Marco
1. Penso di lasciare, prima o poi, la città in cui ora insegno.	☐	☐	☐
2. Vivo all'estero.	☐	☐	☐
3. Lavoro qua da più di 5 anni.	☐	☐	☐
4. Ho scelto questo Paese per amore.	☐	☐	☐
5. Tornerò in Italia quando le mie figlie saranno grandi.	☐	☐	☐
6. Sono qua perché ho vinto una borsa di studio.	☐	☐	☐
7. Io non penso di tornare in Italia.	☐	☐	☐
8. Mi manca l'Europa e Roma in particolare.	☐	☐	☐

14 Verändern Sie die Wörter der rechten Spalte in geeigneter Weise, wie im Beispiel.

In un curriculum devono esserci i dati	
personali, il ___________ e la data di	persona, locale
___________, lo stato civile e l'indirizzo.	nascere
Si devono poi citare gli ___________ fatti, le	studiare
esperienze ___________ (quindi se uno ha	professione
seguito dei corsi di ___________ lo scrive)	formare
e le lingue ___________ conosciute (dicendo	estero
se il grado di ___________ è buono o	conoscere
ottimo sia nello ___________ che nell'orale).	scrivere
Si scrive anche se si ha ___________	praticare
dei sistemi informatici e quali sono gli	
___________ personali.	interessante

15 Ergänzen Sie den Lebenslauf mit den folgenden Angaben.

teatro e cinema	per giornalisti

sistemi informatici	Università Bocconi, Milano

Scientifico "Da Vinci", Trento

"Donna Moderna" di Segrate (Milano)

dal francese per la rivista National Geographic

Studi:

Diploma di maturità presso il Liceo ______________________

____

Laurea in economia e commercio, ______________________

____

Specializzazioni:

Corso di formazione ______________________

Esperienze professionali:

Traduzioni ______________________

Stage presso ______________________

Pratica ______________________

Interessi personali:

Lettura, musica classica, ______________________

8

Casa dolce casa …

1 Diversi modi di abitare.
Ergänzen Sie die Sätze mit den Wörtern, die Sie gerade erst gelernt haben.

1

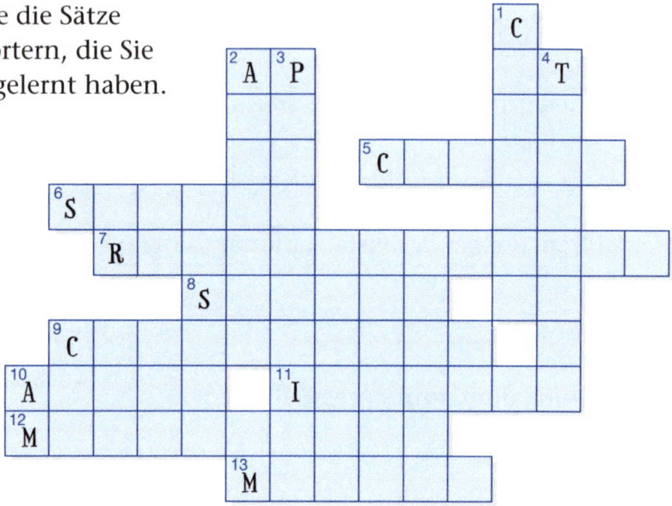

9

1. Enrico abita all'ultimo piano di un attico (3) ↓ ____________ e molto (10) → ____________ (più di 100 mq!). Il suo appartamento è elegante ed arredato con costosi (13) → ____________ antichi.
2. Gianna vive da sola in una (8) → ____________, ma il suo delizioso (12) → ____________ è luminoso, ha un piccolo angolo (1) ↓ ____________ e si trova in una zona (11) → ____________ e ricca di verde.
3. Francesco vive con la moglie in un (9) → ____________ in (2) ↓ ____________ che ha però il vantaggio di trovarsi vicino al (5) → ____________ storico, ha una bellissima (4) ↓ ____________ e uno (6) → ____________ dove la sera può lavorare tranquillamente. L'appartamento poi non è nuovo, ma (7) → ____________ da poco.

2 Ersetzen Sie *buono* mit dem passend deklinierten Adjektiv *bello*.

2 1. Carlo è veramente un buon bambino.

_______________________________________.

2. Le ho pagate molto, però sono proprio delle buone scarpe.

_______________________________________.

3. Era di mio zio. Davvero è un buon orologio!

_______________________________________.

4. Per la mia nuova casa ho scelto dei buoni mobili.

_______________________________________.

5. Che buoni stivali!

_______________________________________.

Überlegen Sie und unterstreichen Sie die richtige Antwort.
L'aggettivo *buono* si declina come l'articolo (determinativo – indeterminativo).
L'aggettivo *bello* si declina come l'articolo (determinativo – indeterminativo).

3 Unterstreichen Sie diejenigen der folgenden Verbformen, die sowohl Konjunktiv als auch Indikativ sein können.

sia | abiti | sentiate | ti sbagli | veda | abbiamo

siate | partano | si sbaglino | mi avvicini | abbia

vediamo | sentiamo | ristrutturi | siano | siamo

vediate | parta | portiamo | si avvicini | continuiate

vedano | abbiate | parli | ci sbagliamo

4 Ergänzen Sie die Sätze mit den folgenden Wörtern und deklinieren Sie diese wo nötig.

4

ampio	attico	camino	cantina	fiore
mobile	monolocale	parete	verde	

1. Penso che un vaso di ___________ stia bene in ogni casa.
2. Non ho nemmeno una ___________ dove tenere le bottiglie.
3. Secondo me l'importante è che ci siano locali molto ___________.
4. Ho arredato lo studio nell' ___________ di casa.
5. La mansarda in cui vivo ha le ___________ pieni di quadri.
6. Quello che amo della mia abitazione è il ___________.
7. Io credo che il mio ___________ sia molto pratico.
8. Penso che il ___________ del giardino sia molto rilassante.
9. Amo i ___________ pratici.

5 Welche Sätze haben die gleiche Bedeutung?

1. Credo che la casa abbia un terrazzino.
2. La casa è molto luminosa.
3. Penso che abiti in una zona ben collegata.
4. Dalle mie parti c'è molto verde.
5. Il mio appartamento è economico.
6. Se non sbaglio hanno una casa di 150 metri quadrati.
7. Mi sembra che siano in affitto.

a. Credo che la casa non sia loro.
b. Per arrivare al centro da casa sua ci sono molti autobus.
c. Quanta luce a casa loro!
d. L'appartamento ha un piccolo balcone.
e. Il mio quartiere è pieno di giardini e parchi.
f. Il mio affitto è basso.
g. Mi sembra che abbiano un grandissimo appartamento.

6 Ergänzen Sie mit der passenden Zeit und dem passenden Modus.

5

- ● Dove (tu-essere) ____________ questo pomeriggio?
- ◆ Mah... ho fatto un giro dalle parti di mia nonna, vicino al fiume. (Fermarsi) __________________ a fotografare una casa con una scala antica molto ripida che porta all'entrata.
- ● Ah, quella che (dare) ________ sul canale?
- ◆ Sì, quella. Penso che (essere) __________ la casa più bella della città. Figurati che (permettersi) ________________ di suonare il campanello per chiedere se per caso era in vendita.
- ● Ma scherzi? Spero che tu non (volere) ___________ comprarla!
- ◆ Ma no! Ho detto solo che ero interessato a una casa in quella zona. Così dall'ingresso ho dato uno sguardo veloce all'appartamento. Proprio elegante, silenzioso, insomma ... per i miei gusti.
- ● Ma per te, scusa, non è fondamentale che un'abitazione (avere) __________ tutte le comodità? Non credo che una casa antica le (potere) ____________ avere!
- ◆ Sì certo, ma guarda che (stare) ____________ parlando di una casa che non (comprare) _______________ mai ...!

7 Vervollständigen Sie mit den passenden Substantiven.

1. Il frigorifero è un _______________ fondamentale.
2. È un po' troppo moderno per i miei ___________.
3. In certi punti il Danubio è così grande da sembrare un lago, ma è solo un _________.
4. La casa che ho visto era su due ___________, sotto la zona giorno e sopra la zona notte.
5. Le pareti sono così sottili che si sentono i bambini dei _________ quando giocano.

8 Verbinden Sie Fragen und Antworten, indem Sie die Verben, wie im Beispiel, ins Gerundium setzen. Wenn die Antworten richtig sind, ergeben die Buchstaben in den Kästen, nacheinander gelesen, ein neues Wort.

7

- mettere delle piante in ogni stanza ~~R~~
- cercare nella tua camera M
- vendere la casa N
- aumentare il ritmo di lavoro T O
- prendere l'aereo I
- adattare i vecchi mobili al nuovo spazio E
- dipingere le pareti di bianco A V

1. ● Come avete fatto a rendere meno spoglia la casa?
   ◆ Mettendo delle piante in ogni stanza.
2. ● Come pensi di rendere meno buia la cucina?
   ◆ ____________________________.
3. ● Come pensi di arrivare domani a Roma?
   ◆ ____________________________.
4. ● Come avete trovato i miei occhiali?
   ◆ ____________________________.
5. ● Come hai fatto ad arredare il monolocale?
   ◆ ____________________________.
6. ● Come sei riuscito a guadagnare tanto?
   ◆ ____________________________.
7. ● Come hai fatto a occupare una posizione di tale prestigio?
   ◆ ____________________________.

Lösung: Il _ _ _ _ _ _ _ _ _ è quella parte del locale dove si cammina.

9 Ergänzen Sie die Antworten mit den passenden Verbformen.

9

arrivare | avere (2) | capire | costare | essere (2) | fare | uscire | studiare | volere (2)

1. Secondo te perché non vengono con noi al ristorante?
   a. Forse in questo periodo ______________ al verde.
   b. Per me non ________________ soldi.
   c. Credo che in questo periodo non ______________ spendere.

2. Franca non c'è?
   a. Penso che _____________ un altro impegno.
   b. Credo che _____________ fuori città.
   c. Per me ________________ più tardi.

3. Perché cambia casa?
   a. Suppongo che lo ___________ perché adesso ha due bambini.
   b. Penso che ____________ andare a vivere da solo.
   c. Mi sembra che quella nuova gli _____________ meno.

4. Ma secondo te perché ha tutte quelle difficoltà a scuola?
   a. Penso che ____________ troppo la sera.
   b. Credo che _____________ poco di quello che gli dicono gli insegnanti.
   c. Suppongo che __________ troppo poco.

10 Casa, dolce casa?
Lesen Sie den folgenden Artikel und ergänzen Sie dann die Zusammenfassung mit dem Konjunktiv oder dem Indikativ.

La amiamo. Investiamo diversi soldi per renderla bella e accogliente, ma la nostra casa può diventare anche molto pericolosa. Essa è, infatti, uno dei luoghi dove si verifica il maggior numero di incidenti quotidiani. Quello che capita tra le pareti domestiche riguarda soprattutto le persone che trascorrono più tempo nella loro abitazione: donne, anziani, ma anche bambini piccoli, per i quali questi incidenti rappresentano un grave rischio. Ma sono colpiti soprattutto gli anziani che cadono* dalle scale o nel bagno. Per le donne è la cucina il luogo più pericoloso della casa. Qui, infatti, si tagliano spesso con coltelli o si fanno male con gli elettrodomestici. Per i bambini, poi, c'è il pericolo dei sacchetti di nylon ed è possibile che bevano liquidi o sostanze tossiche o che vengano a contatto con la fiamma del gas. L'incidente più frequente fra i piccoli è la caduta. Secondo recenti dati Istat le persone colpite da incidenti domestici sono state ben 3.672.000. È fondamentale dunque seguire alcuni consigli: 1° Controllare il gas, pericoloso perché è invisibile** e inodore***. 2° Far vedere periodicamente gli impianti della luce; 3° Prestare attenzione in cucina e nel bagno (dove non si devono mai toccare apparecchiature elettriche in presenza di acqua o umidità).

* cadere = finire sul pavimento; ** è invisibile = non si vede; *** è inodore = non si sente (con il naso)

Secondo l'autore dell'articolo noi ___________ la nostra casa e ___________ diversi soldi per renderla accogliente, ma aggiunge pure che essa _______ uno dei luoghi dove si verifica il maggior numero di incidenti quotidiani. Sembra che quello che capita tra le pareti domestiche _______________ soprattutto donne, anziani e bambini piccoli. Pare che colpiti _______________ soprattutto gli anziani. Sembra che per le donne _______ la cucina il luogo più pericoloso e che per i bambini ______________ il pericolo dei sacchetti di nylon. È fondamentale, dunque, che si ____________ alcuni consigli. È importante 1° che si ____________ il gas; 2° che si ____________ vedere periodicamente gli impianti della luce; 3° che si ________ attenzione in cucina e nel bagno.

11 Vervollständigen Sie die Sätze mit *di* (mit oder ohne Artikel) oder *che* und den folgenden Ausdrücken, wie im Beispiel.

sua sorella	affittarne una	nostra	impararla sui libri
fuori	~~all'attività lavorativa~~	essere dipendenti	

1. Le donne dedicano alla famiglia più tempo che all'attività lavorativa ____________.
2. Francesca è molto più cordiale ____________ Marina.
3. Questa casa è tenuta meglio ____________.
4. Scambiare una casa è più conveniente ____________.
5. Fa più freddo dentro casa ____________.
6. Lavorare per conto proprio è più rischioso ____________.
7. Studiare una lingua all'estero è più facile ____________.

9

12 Bringen Sie den Dialog in die richtige Reihenfolge. Die Sätze 1-6 sind in der richtigen Reihenfolge angegeben.

12

1. Allora, che impressione avete della nuova casa?
2. E tua moglie è contenta?
3. Perché?
4. Vivere in centro, in un condominio, è un bel cambiamento, eh, con i problemi del traffico, del parcheggio...
5. D'accordo, ma guarda che ci sono anche dei quartieri di periferia dove si trova tutto, pure le scuole.
6. Sì, però è anche vero che d'estate non puoi dormire con le finestre aperte!
7. Insomma, siete contenti ...

a. *Beh, sai, lei in fondo ha sempre vissuto in periferia in una villetta tranquilla.*

b. *Buona, buonissima. Certo, non è ancora in ordine, però insomma ... piano piano ...*

c. *In effetti può essere un problema. Noi però siamo fortunati perché l'appartamento è all'ultimo piano. Le camere da letto poi non danno sulla strada.*

d. *Sì, però dai, vivere in centro ha anche i suoi vantaggi. Hai tutto vicino, negozi, servizi ...*

e. *Della casa? Sì, però non è ancora molto convinta della zona.*

f. *Sì, certo, però pensa anche alla vita notturna. Qui in centro c'è vita, là invece ...*

g. *Sì, ripeto, molto. Io anzi moltissimo.*

13 Ergänzen Sie die Vokabeln mit den fehlenden Silben.

E inoltre 1

ca | co | io | me | mo | tt | va

___NOLOCALE – ___MINO – ___SCA DA BAGNO –
___NDOMINIO – ___BILE – SPECCH___ – A___ICO –
CO___DINO – ___SALE – DI___NO – ___NTINA –
CA___RETTA – FATI___CCIA – S___LE – SCRI___NIA –
ANGOLO ___TTURA – AFFI___O – CARA___ERISTICA –
ELETTRODO___STICO – LA___BO – FIU___ – STUD___ –
CUCINO___O

14 Test.

Kreuzen Sie Ihre Antwort an.

1. C'è una buona occasione per comprare una casa.
   a. ☐ La compri solo se hai già i soldi necessari.
   b. ☐ Non ci pensi nemmeno, hai altro per la testa.
   c. ☐ Sei disposto a portare a cena una (bruttissima) direttrice di banca.
2. La casa per te rappresenta:
   a. ☐ Una camera da letto e un bagno.
   b. ☐ L'unico posto dove stai veramente bene.
   c. ☐ Un luogo accogliente, ma che al bisogno si può anche dare in affitto.
3. Ti devi trasferire per lavoro.
   a. ☐ Per te è una terribile disgrazia.
   b. ☐ Ti dispiace, ma sei curioso di vedere dove andrai a vivere.
   c. ☐ Sei felicissimo di lasciare ad altri la tua abitazione.
4. Hai vinto alla lotteria.
   a. ☐ Compri una lavatrice e tanti bei vestiti.
   b. ☐ Festeggi con gli amici e investi tutto il resto in un viaggio intorno al mondo.
   c. ☐ Spendi tutto per comprare mobili nuovi e uno splendido tappeto persiano.

Punti:

1 a = 3	2 a = 0	3 a = 6	4 a = 3
1 b = 0	2 b = 6	3 b = 3	4 b = 0
1 c = 6	2 c = 3	3 c = 0	4 c = 6

da 19 a 24 punti	Faresti di tutto per avere una casa tua e vivi solo per questo.
da 10 a 18 punti	Per te la casa è importante, ma non fondamentale. Hai tanti altri interessi.
fino a 9 punti	Per te la casa è un luogo dove andare solo a dormire, ma potresti benissimo vivere anche in albergo.

15 Fügen Sie die entsprechenden Nummern der folgenden Wörter in die passenden Zeilen ein. Achtung: Manchmal gibt es mehrere Möglichkeiten!

1. l'angolo cottura
2. il bidet
3. il camino
4. il comodino
5. la cucina a gas
6. il divano
7. gli elettrodomestici
8. il forno
9. la lampada
10. il lavabo
11. il lavandino
12. la lavatrice
13. il letto
14. la libreria
15. il mobile
16. la poltrona
17. la scrivania
18. i servizi
19. lo specchio
20. il tappeto
21. la vasca da bagno
22. il water

per riposarsi: ______________________

per lavare/lavarsi: ______________________

per arredare: ______________________

per cucinare: ______________________

per evitare fatiche: ______________________

per la toilette: ______________________

Incontri

1 Un incontro fatale.

2 Im folgenden Text fehlen einige Wörter, die Sie gerade erst gelernt haben. Fügen Sie diese waagerecht ensprechend der Nummerierung in das Gitterrätsel ein. Wenn die Antworten richtig sind, ergeben die markierten Kästchen ein Sprichwort.

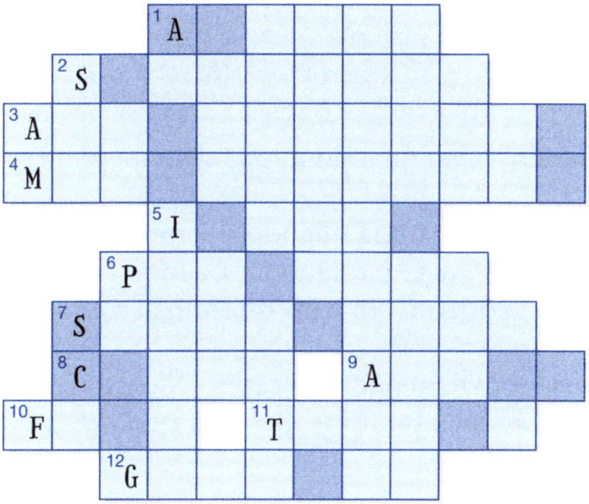

Si sono conosciuti tramite un'agenzia (4). Un mese dopo si sono dati (3) in un bar. (11) com'erano, all' (5) non si sono praticamente (2) una parola. Si sono limitati ad (1) gli occhi dal libro che stavano (7), si sono guardati e … ed è stato subito un (8) di fulmine. "La mia donna ideale", ha pensato lui. "Il mio (6) azzurro", ha pensato lei. Alla (10), sicuri tutti e due di aver trovato nell'altro l' (9) gemella, si sono (12) amore eterno.
E oggi? Saranno ancora insieme?

Lösung:

__ _____ ___ __ _______.

Significa che i sentimenti non prendono ordini e che la volontà può poco sugli affetti.

10

2 Welches Bild passt zu den folgenden Aussagen?

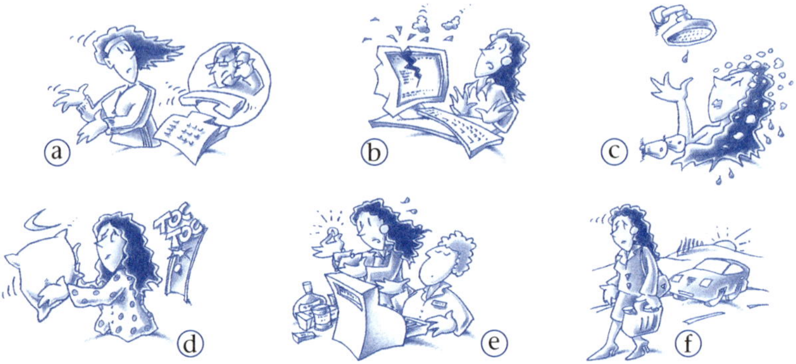

1. Stavo tornando a casa quando mio marito mi ha raggiunto in macchina.
2. Stavo scrivendo una lettera quando si è rotto il computer.
3. Stavo per mettermi a letto quando ho sentito arrivare qualcuno.
4. Stavo per fare la doccia, poi però mi sono accorta che non funzionava.
5. Stavo per rispondere quando ho capito che era il mio capo.
6. Stavo per pagare quando ho scoperto di non aver soldi.

3 Ersetzen Sie nun *stavo per + infinito* der vorangegangenen Übung mit *stavo + gerundio* (und umgekehrt) und fügen Sie die Verben in den jeweils passenden Satz ein, wie im Beispiel.

1. ____________________ la tuta quando è cominciato a piovere.
2. ____________________ alla zia quando hai preso la parola tu.
3. Stavo per tornare al lavoro quando ho incontrato Marta.
4. ____________________ il biglietto quando mi sono caduti gli occhiali.
5. ____________________ quando mi sono accorto che i soldi erano pochi.
6. ____________________ a Mario, poi però ho cambiato idea.

4 Ergänzen Sie *all'inizio, alla fine* oder *finalmente.*

Domenica sera siamo ________________ andati al cinema. Era da tempo che non uscivamo di casa insieme. ________________ si andava sempre fuori o si invitavano degli amici a cena, ma con il tempo le nostre abitudini sono cambiate e siamo diventati meno dinamici. ________________ però anche questo tran tran diventa noioso e qualcosa di diverso rende la vita meno monotona. "________________ una novità" – ha detto mia moglie con gioia – "speriamo che il film sia bello, me ne hanno parlato tanto!" Ma già ________________ ci è sembrato poco interessante. Non si capiva niente! Così siamo usciti dalla sala dopo mezz'ora e ________________ abbiamo deciso che stare a casa, come facevamo sempre, non era poi tanto male.

10

5 Schreiben Sie die Ausdrücke in die jeweils richtige Spalte.

4

1. Beh, allora la cosa è andata così … 2. Allora, sentiamo! 3. No, dimmi! 4. Guarda, non ti immagini cosa mi è successo! 5. Ma davvero? 6. La sai l'ultima? 7. Per farla breve … 8. Sul serio? 9. E poi? 10.Veramente? 11. Sai cosa mi è capitato l'altro giorno?

raccontare	invitare a raccontare / mostrare curiosità verso chi racconta
________________	________________
________________	________________
________________	________________
________________	________________
________________	________________
________________	________________

6 Der Schriftsetzer hat irrtümlich 5 Wortpaare vertauscht. Unterstreichen Sie diese und schreiben Sie sie dann, wie im Beispiel unten, auf.

6

Stavo andando in vassoio con l'occhi di tornare a casa quando mi è venuta coda. Così sono sceso in piazza Garibaldi per andare al McDonald. Mi sono messo in fame e quando è arrivato il mio resto ho ordinato un Mc Bacon e una coca. Alla cassa c'era una bellissima ragazza e io non riuscivo a staccare gli intenzione dai suoi. Così, per guadagnare qualche coraggio e rimanere lì con lei, mi sono fatto secondo e le ho chiesto se la sera era libera. Lei non ha risposto e ha messo tutto su un metropolitana, io ho pagato e la ragazza mi ha dato il turno e lo scontrino.

1. vassoio va al posto di ________;
2. ________ al posto di ________;
3. ________ al posto di ________;
4. ________ al posto di ________;
5. ________ al posto di ________.

10

7 Schreiben Sie die folgenden Sätze in der Vergangenheit.

9

1. Devo mettermi a pulire la stanza che è un disastro.
   Ho dovuto mettermi / Mi sono dovuto/-a mettere a pulire la stanza che era un disastro.
2. Vogliamo partire di notte perché c'è poco traffico.
   ________.
3. Posso uscire perché la baby sitter rimane un po' di più.
   ________.
4. Devono pagare loro perché io sono al verde.
   ________.
5. Vuole riposare un po' perché è troppo stanco.
   ________.

8 Bringen Sie den Text in die richtige Reihenfolge.

- ◯ a mangiare e l'ha portata in una pizzeria, mentre Veronica si aspettava
- ◯ disastro e Susanna vuole conoscerne il motivo. Veronica credeva
- ◯ Veronica incontra l'amica Susanna che le chiede come è andato
- ◯ di fare una passeggiata e prendere un aperitivo, ma Flavio è voluto andare subito
- ◯ per tre e alla fine il conto l'ha dovuto pagare addirittura lei!
- ◯ l'incontro con Flavio. Veronica risponde che è stato un vero e proprio
- ◯ un localino a lume di candela. Durante la cena poi lui si è messo a telefonare, ha bevuto

9 Bilden Sie Sätze wie im Beispiel.

1. Stava così male
2. Non immaginavo un localino elegante
3. Anna sarà anche in gamba,
4. Le ho chiesto
5. Per i miei gusti è troppo silenzioso;
6. Ho cambiato posto
7. Le agenzie matrimoniali sono il luogo ideale
8. Pare
9. Non l'ho riconosciuta subito

però neanche
perché
se
tanto per
che
per
comunque sia
proprio
che

non si è comportata bene.
il partner sbagliato.
una pizzeria!
l'ho portato all'ospedale.
trovare l'anima gemella.
non la vedevo da tempo.
poterla guardare da vicino.
lo sport aiuti i timidi.
si era messo a nevicare.

10 *Congiuntivo* o *indicativo*?
Vervollständigen Sie mit dem passenden Verb.

11

comportarsi | correggere | fumare | nevicare | sbagliarsi

che / **quando**

1. Non sopporto — Giuliano ____________ in casa.
   Giuliano ____________ in casa.
2. Ci dà fastidio — voi ________________ così male.
   voi ________________ così male.
3. Non sopportate — noi ____________ il vostro linguaggio.
   noi ____________ il vostro linguaggio.
4. Gli dà fastidio — ________________ fuori stagione.
   ________________ fuori stagione.
5. Non sopporto — tu _____________________ di continuo.
   tu _____________________ di continuo.

11 Wo fehlen die folgenden Ausdrücke? Fügen Sie sie wie im Beispiel im passenden Satz an der richtigen Stelle ein.

di candela | ~~fastidio~~ | il portafoglio | per farla breve | vestiti | ubriaco

1. A me dà molto (*) che arrivi in ritardo. fastidio
2. Era così che ho dovuto guidare io. ____________
3. Che giornata nera! Prima ho perso l'autobus e poi anche. ____________
4. Ha tanti che si è dovuta comprare un nuovo armadio. ____________
5. Mi ha promesso una cenetta a lume, invece mi porterà in pizzeria! ____________
6. Ha speso tutti i miei soldi; adesso sono completamente al verde. ____________

12 Hören Sie sich nochmals Track 32 auf der CD an und kreuzen Sie an, auf wen sich die folgenden Sätze beziehen.

13

1. Vive da sola.	☐ Nadia	☐ Sandra
2. Nadia non sopporta che ... indossi i suoi vestiti.	☐ sua sorella	☐ la sua amica
3. Gli amici non sopportano che arrivi sempre in ritardo.	☐ Luciano	☐ Nadia
4. Le dà fastidio che le amiche portino sempre i mariti.	☐ Sandra	☐ Luciano
5. Agli amici dà fastidio la sua mancanza di flessibilità.	☐ Luciano	☐ Sandra
6. Agli amici dà fastidio il suo disordine.	☐ Sandra	☐ Nadia

10

13 Finden Sie innerhalb jeder Gruppe die Wortpaare, die eine Gemeinsamkeit aufweisen.

E inoltre

	a.	b.	c.	d.
1.	coccolare	risparmiare	spendere	viziare
2.	il terrore	la paura	il cretino	il disgraziato
3.	restaurare	rinnovare	baciare	abbracciare
4.	piantare	modificare	lasciare	cambiare
5.	la storia	il racconto	il grano	i soldi
6.	la pistola	il poker	il colpo	il tre(s)sette
7.	scovare	trovare	sedere	riposare
8.	venire	andarsene	tornare	squagliarsela

14 Fügen Sie die folgenden Wörter an der richtigen Stelle ein und konjugieren Sie die Verben in der passenden Zeitform.

| stregare | schiaffo | tacere | comportarsi | folle | sfogliare |

1. È molto timido: in presenza di sconosciuti __________ sempre.
2. Non sono riuscita a controllarmi e gli ho dato uno __________.
3. Cerca di dormire e smettila di ______________ quel libro!
4. Non ti porto più con me. Ieri ______________ veramente male!
5. Non capisco più niente da quando quella donna mi _________.
6. È __________ la tua idea di abbandonare la scuola!

15 Ergänzen Sie den Dialog mit den Verben in der passenden Zeitform und dem passenden Modus.

10

- ● Ciao Alberta, cosa ti (succedere) _____________? Ti (vedere) ___________ così nervosa!!
- ◆ Ah, ciao, scusa, hai ragione. Ho litigato con Paolo. Credo che (volere) ___________ piantarmi.
- ● Oh, mi (dispiacere) ____________! Però, secondo me, dovevi (capire) ___________ prima che non era il tipo per te!
- ◆ Già! Ma all'inizio (essere) __________ così affettuoso! Mi (coccolare) _____________, mi (viziare) ______________, mi (baciare) ____________ anche per strada e (avere) _____________ occhi solo per me. Chiaro che (innamorarsi) _________________________ subito di lui!

● E allora ... qual è il problema?

◆ Beh! Lui da un po' di tempo (comportarsi) ________________ da disgraziato e mi dà proprio fastidio che (passare) ___________ tutta la giornata al bar giocando a tressette. Pensa che l'altro giorno mi (dare) ________________ persino uno schiaffo, questo non (dovere) _____________ proprio farlo!

● (Ascoltare) ____________ il consiglio di un'amica. Io non sopporto che lui ti (trattare) __________ così e secondo me dovresti proprio squagliartela, visto che sei ancora in tempo! Io penso davvero che questa (essere) __________ la soluzione migliore per te.

16 Mit diesem kleinen Buch haben Sie die Grammatik und den Wortschatz von *Espresso 2* geübt; aber Sie haben auch einige Sprichwörter und neue Redensarten gelernt. Können Sie sich an diese noch erinnern? Verbinden Sie sie mit der entsprechenden Erläuterung.

10

1. Il sangue non è acqua.
2. Paese che vai, usanza che trovi.
3. Il meglio è nemico del bene.
4. Val più la pratica della grammatica.
5. Al cuore non si comanda.
6. Stanno facendo la luna di miele.

a. Si sono sposati da poco.
b. Il lavoro pratico è spesso più importante della teoria.
c. I legami di parentela sono molto forti.
d. Non bisogna esagerare e voler fare tutto in modo troppo perfetto.
e. I sentimenti non prendono ordini e la volontà può poco sugli affetti.
f. Ogni luogo ha le sue abitudini ed il proprio modo di vivere.

Lösungsschlüssel

Lektion 1

1. figlie; nipoti, fratelli; genitori, zie, nonni, cugino; marito, moglie; nipote
   Lösung: GENERO

2. 1. b; 2. f; 3. g; 4. a; 5. c; 6. d; 7. e

3. La mia; i miei, i miei; I miei, mia, suo, sua, la sua; Mio, mia; mia

4. 1. interessantissimo, il più interessante; più famosi, il più bello; 2. il ... più lungo, il ... più alto; 3. la più bella; bellissima; 4. normalissimo; 5. La più grande, la più piccola; 6. La ... più bella

5. le nostre vacanze; i suoi zii; il loro albergo preferito; le vostre scuole; i nostri insegnanti; il mio compagno di corso; la tua vacanza; le sue sorelle; la vostra collega; i loro problemi

6. 1. la barba; 2. il ragazzo; 3. numeroso; 4. biondo; 5. incredibile; 6. mai e poi mai

7. il ragazzo; incredibile; la barba; biondo; numerosi; mai e poi mai

8. 1. la mia; 2. il tuo; 3. il mio; 4. tua; 5. le mie; 6. i nostri; 7. i tuoi; 8. il loro; 9. i miei; 10. mio

9. 1. Giuseppe si è laureato in medicina. 2. Sara e Piero si sono conosciuti in casa di amici. 3. Fabiana si è dedicata al giardinaggio per anni. 4. Ada e Maria non si sono riposate affatto. 5. Io mi sono arrabbiato perché non mi ascolti mai. 6. Tu ti sei finalmente deciso a sposarti?

10. Ieri Franca si è svegliata tardi (si è alzata verso le 11), si è messa una tuta e ha fatto un po' di jogging. È tornata a casa, si è lavata, si è vestita elegantemente e ha fatto due passi in città. Il pomeriggio ha letto un po' e poi si è dedicata alla musica; insomma si è riposata veramente dalla stanchezza di tutta la settimana.

11. 1. d; 2. f; 3. g; 4. e; 5. b; 6. h; 7. c; 8. a

12. famiglia di origine, i mammoni; un fenomeno, verso i 27 anni, altri Paesi europei, una volta alla settimana; la coppia, di fatto

13.

1 **L**	I	S	T	A					
2 B	**U**	O	**N**	**A**					
3 S	O	L	**D**	I					
4 M	A	T	R	**I**	**M**	O	N	I	O
5 V	**I**	A	G	G	I	O			
6 R	**E**	G	A	**L**	O				
7 M	O	G	L	I	**E**				

Lösung: LUNA DI MIELE

14. (1), (5), (7), (3), (10), (8), (2), (6), (9), (4)

Lektion 2

1.

Lösung: ANATRA

2. Da piccolo ero allergico. Quindi non potevo tenere animali nell'appartamento. Abitavo in città. Trascorrevo i pomeriggi in casa. Lì non c'era molto spazio. In estate però andavo dai nonni. Là giocavo con i loro animali. Mi divertivo tantissimo.

3. 1. maggioranza; 2. numerosi; 3. ha domandato;
4. hanno riferito; 5. Trascorrevamo; 6. Ha … affermato;
7. domestiche; 8. quotidiana

4.

Lösung: (…) L' ETÀ TRA INFANZIA E ETÀ ADULTA.

5. 1. serpente; 2. campagna; 3. infanzia; 4. sondaggio; 5. porta; 6. rumore; 7. coscienza; 8. femmine

6. era; avevano, c'erano; andava, esistevano; doveva, studiava; erano, poteva; trovavo, raccontava; trascorrevo, aiutavo, eravamo

7. 1. c (ho preferito); 2. a (siamo rimasti/-e); 3. f (esce); 4. g (hanno fatto); 5. b (ho); 6. d (ha); 7. e (sei andato/-a)

8. Eleonora, Davide, Bruna, Marina, Giulio, Albina

9. hai fatto; hai passato, sei riuscito; ha tranquillizzato; Ho sentito, sei laureato; eri; studiavi; ti sei sposato; guardava, eravamo; sono rimasto, era; ho incontrato

10. trovavi, sei stata; ho rivisto, sono stata, abitavano; avevano, frequentavano; Hanno cambiato; scherzavano, ho fatto; erano, sono diventati

11. 1. le; 2. ci; 3. Ne; 4. ti; 5. la; 6. ci, ci, lo

12. 1. f; 2. i; 3. h; 4. b; 5. g; 6. a; 7. c; 8. d; 9. e

13. 1. pranzo; 2. lite; 3. concorso; 4. proprio; 5. volume; 6. vasetto; 7. passo

14. Lösung: IL SANGUE NON È ACQUA.

Lektion 3

1. 1. capelli lisci; 2. gli occhiali; 3. giovane; 4. capelli ricci; 5. la barba; 6. calvo; 7. vecchio
   Lösung: (...) È bello CIÒ CHE PIACE.

2. aspetto fisico: alto, basso, magro, bruttino, grasso, biondo; altre caratteristiche: aperto, divertente, timido, noioso, anziano, vanitoso, attraente, sensibile, severo, loquace

3. 1. è ... finito; 2. hanno cambiato; 3. hai finito, è cominciata; 4. Avete ... cominciato? 5. è cambiata

4. 1. ce la fai; 2. farcela; 3. ce l'ho fatta; 4. ce la facevate; 5. Ce l'avete fatta

5. 1. Sapeva, poteva (Beethoven); 2. Sapeva (Modugno); 3. Sa (Carlo d'Inghilterra); 4. Poteva (Charlot); 5. può (Schumacher)

6. 1. panciuta; 2. fianchi; 3. pulito; 4. pettinarsi; 5. proporzionato; 6. disgrazia; 7. fazzoletto; 8. faccia; 9. faccende

7. 1. d; 2. c; 3. i; 4. f; 5. a; 6. b; 7. e; 8. g; 9. h

8. 1. come / quanto; 2. più basso di; 3. meno alto dell'; 4. meno ... di; 5. più lungo del; 6. magro come / quanto

9. in mente nessuno; nessuno dei nostri amici; domandare a qualcun altro; nessuno di loro; qualcuno trova

10. 2. con me; 3. a prendere; 5. a finire; 6. per la Turchia; 7. d'accordo; 9. in aritmetica

11. 1. Organizzereste – c; 2. vorrei – d; 3. Dovresti – a; 4. se ne andrebbe – f; 5. prenderemmo – b dovreste; 6. Chiacchiererebbero – e

12. Vorrei; Sarebbe; potremmo; andrebbe, farei, dimenticherei, starei, dormirei; potrei; Potrei / Potremmo, sarebbero; potrebbe; potresti; dovrei; avrei, darei

13. 1. d; 2. a; 3. b; 4. c; 5. b; 6. c; 7. e; 8. e; 9. a; 10. d

14. 1. v; 2. f; 3. v; 4. f; 5. v; 6. v; 7. f; 8. f

15.

	sinonimi	**contrari**
ragionevole	saggio	impulsivo
altezzoso	snob	
altruista	generoso	
chiacchierone	loquace	
fragile		forte
cordiale	gentile	
dinamico	attivo, intraprendente	
fiducioso	ottimista	
irritabile	nervoso	tranquillo
geloso	possessivo	

16. socievole, ottimista, generosa, forte; timida, pessimista, avara, debole

Lektion 4

1. 1. adattamento; 2. regista; 3. esponeva; 4. vicende; 5. contemporanea; 6. programma; 7. selezione; 8. Italia
Lösung: MANCA ALL' appuntamento.

2. 1. a + b; 2. b; 3. a + b; 4. a; 5. a + b; 6. a + b

3. 2. stanno parlando / chiacchierando; 3. sta mangiando; 4. sta dormendo / riposando; 5. sta leggendo; 6. sta vendendo; 7. sta scrivendo; 8. stanno mangiando; 9. sta telefonando / parlando al telefono; 10. stanno facendo

4. 1. Ma tu ce l'hai la macchina? 4. I miei CD ce li hai ancora tu? 5. La patente ce l'avete o no? 7. Ce li ha i biglietti per la partita?

5. l'ho già preparata, li ho già chiesti; l'ho già fatta; hanno già telefonato, non le hanno ancora ordinate, non le hanno ancora portate

6. 1. e (l'ho chiamato); 2. a (le abbiamo trovate); 3. f (Le ha prese); 4. d (l'ha fatto); 5. g (l'ha riparata); 6. b (li ha ridati); 7. c (l'ho riassunto)

7. l'ho portata, le stava, le ho fatto; mi ha sorriso, la; di portarci; di guardarvi; ci conoscevamo, vi ha detto, ci indicava, potete sedervi; l'ho trascorsa

8. 1. c; 2. b; 3. a; 4. a; 5. b; 6. c; 7. a; 8. a; 9. a; 10. b

9. conoscerla, parlarle; seguirla, la voglio perdere / voglio perderla; evitarlo; La posso aiutare / Posso aiutarLa; ce la può fare / può farcela; mi potrei alzare / potrei alzarmi

10. 1. in cui; 2. a cui; 3. da cui; 4. a cui, 5. con cui; 6. di cui; 7. di cui
    Per cui ist ein Synonym für *quindi, per questo.*

11. 2. botteghino; 3. fare la coda; 4. essere al verde; 5. silenzio; 6. maleducazione

12. 1. a; 2. a; 3. con; 4. di; 5. allo; 6. della; 7. della; 8. al; 9. su; 10. a; 11. alla; 12. in, 13. con

Lektion 5

1. waagerecht: campeggio, sacco a pelo, bagagli, camper, diario, albergo, bicicletta, agriturismo
   senkrecht: videocamera, auto, treno, libri, ombrello
   diagonal: ↙ guida, zaino, ↘ nave, aereo
   mezzi di trasporto: camper, bicicletta, auto, treno, nave, aereo
   sistemazione: campeggio, albergo, agriturismo
   oggetti per il viaggio: sacco a pelo, bagagli, diario, videocamera, libri, ombrello, guida, zaino

2. 1. Il villaggio turistico, se si hanno dei bambini, è l'ideale. / Se si hanno dei bambini, il villaggio turistico è l'ideale. 2. Ho saputo che l'estate scorsa siete stati in un villaggio turistico.
   3. Il villaggio lo conosco già perché ci ho lavorato come animatore. 4. Se vuoi ti porto qualche catalogo della zona.
   5. Quando partiamo i bagagli non ci bastano mai. / I bagagli non ci bastano mai quando partiamo.

3. sapevo; sapevo; conoscevo, sapeva; ho conosciuto; so; conosco

4. 1. D; 2. D; 3. G; 4. G; 5. G; 6. D

5. 1. Nessuno; 2. nessuna; 3. Nessuno; 4. nessuna; 5. nessun; 6. nessun; 7. Nessuna; 8. nessuno

6. in un'agenzia; fuori dall'Italia; sotto il sole a picco; tra la folla di stranieri, fuori; Dalla porta, alle pareti

7. 1. abbiamo fatto, abbiamo messo, volevamo; avevo, volevo, ha detto, serviva; 2. sono arrivate, hanno aspettato; sono uscite; Erano; hanno preferito; Sono arrivate, c'era, camminava;
   3. è arrivato, ha preso, è andato; Voleva; c'era, funzionava, era; è rimasto

8. **avere:** bisogno; luogo; paura; dei programmi
essere: al verde; in forma; stanco; in giro; d'accordo
dare: fastidio; una mano; un consiglio
fare: una proposta; paura; la fila; notare; un'ipotesi; dei programmi

9. a. 2, 4, 1, 5, 3; b. 2, 5, 3, 1, 4; c. 4, 2, 1, 3, 5

10. turistico, chiuso; caro; piccola, sporca; rotta; bruttissimo; sole

11. 1. Ma dici sul serio? Ma davvero? 2. Che guaio! Che sfortuna! 3. Si fa largo fra la gente. Cerca di passare tra la folla. 4. Non ne posso più di te! Che difficile sopportarti! 5. Ci siamo fermati là un'ora. Siamo rimasti lì un'ora. 6. Roba da matti! Incredibile! 7. Questo suono mi dà fastidio. Questo rumore è fastidioso.
Lösung: (...) USANZA CHE TROVI.

12. 1. b – vogliono; 2. d – ci vuole; 3. e – ci vuole; 4. a – ci vogliono; 5. f – ci vogliono; 6. g – vuole; 7. c – vuole

13. a Parigi; l'ombrello; primavera; inverno; ristoranti; una settimana; partenza; Leonardo; Eiffel; mare; mia; tante

14. informazioni, arcipelago; Prima, raggiungere; andare, traghetto; ci vuole; ore; aereo; ci vogliono; dell'aereo; meno; intorno, ponte; partenza; n'è, arrivo

Lektion 6

1.

						1 p	a	s	t	o	
					2 d	o	l	c	i		
3 v	e	g	e	t	a	r	i	a	n	o	
							4 m	e	n	s	a
				5 c	e	r	e	a	l	e	
					6 c	e	n	a			
				7 s	a	l	t	o			
				8 d	e	b	o	l	e		

Lösung: ALIMENTO

2. pranzare regolarmente; evitare le verdure; mangiare di tutto; mangiare sempre le stesse cose; usare molto burro; essere un grissino

3. ● Come hai fatto a dimagrire così?
◆ Beh, ho seguito una dieta, ero troppo grassa! Ho imparato a mangiare meglio e bene. Una volta mangio solo pasta e una volta carne.
● Ah, anche a me farebbe bene! Però è anche una questione di tempo!
◆ Mah, dipende. Se ti organizzi bene …
● Parli bene tu! Io ho sempre troppi impegni.
◆ Ma dai, come al solito esageri sempre!

4. 1. a.; 2. f.; 3. e.; 4. d.; 5 b.; 6. c.

5. 1. Sta'; 2. Scegli; 3. Arriva; 4. Non chiamare; 5. Non uscire; 6. Non essere

6. 2. Mangia; 3. fa', guarda, da', telefona; 4. Va'; 5. prova; 6. Evita, mangia; 7. Mastica, metti giù; 8. tieni; 9. Scrivi

7. 2. Parla; 3. Copia; 4. non chiedere; 5. Non fare; 6. Chiedi; 7. Non studiare; 8. Dormi; 9. Da'; 10. Mangia

8. hai bisogno; mi serve; dovremmo; volevo; metto; ti serve; mi servono; ho rotte; ti serviva

9. 1. Le serve; 2. ti serve; 3. Mi serve; 4. ci servono; 5. vi servono; 6. Mi servono; 7. Vi sono serviti; 8. mi è servito; 9. Gli servono

10. 2. Le parole che ha detto sono molto interessanti. 3. È importante il cibo che mangiate. 4. Sta' attento ai prodotti che scegli al supermercato. 5. Le regole che i professori vi insegnano sono sempre utili. 6. Leggi solo i libri che ti servono per lo studio. 7. Vorrei comunicarti le sensazioni che provo. 8. Le chiacchiere che senti in giro non sempre sono vere. 9. Le cose che non mi piacciono non le faccio.

11. 1. riscoprire; 2. perdere; 3. osservare; 4. essere una questione di; 5. spegnere; 6. sostenere; 7. fare; 8. prendere; 9. variare

12. 1. Sì, certo, invitalo! No, non invitarlo! 2. Sì, certo, portale! No, non portarle! 3. Sì, certo, chiudila! No, non chiuderla! 4. Sì, certo, fallo! No, non farlo! 5. Sì, certo, spegnila! No, non spegnerla! 6. Sì, certo, prendilo! No, non prenderlo! 7. Sì, certo, vacci! No, non andarci!

13. a. 3.; b. 6.; c. 1.; d. 2.; e. 5.; f. 4.

14. 1. il lavandino; 2. la tazza ; 3. Dici sul serio? 4. camminare; 5. la posizione ; 6. recente; 7. mediterraneo
    Lösung: ASSAGGIARE

Lektion 7

1. 1. testa; 2. piedi; 3. orecchie; 4. denti; 5. occhi; 6. pancia; 7. pelle
   Lösung: (...) IN CORPORE SANO

2. braccia, gambe, piedi, mani, dita, denti; occhi, orecchie; testa, collo; pancia; bocca, naso
   Lösung: MANCINO

3. 1. dal, mal di denti; 2. al, irritazione alla pelle; 3. in, mal di schiena; 4. in, allergia al polline; 5. in, mal di pancia; 6. di, stress; 7. in, raffreddore

4. 2. Non stia; 3. Non tenga; 4. Eviti; 5. Mangi; 6. Riposi; 7. Vada

5. arrivi; Vada, si alzi; Beva; torni, perda, si fermi; saluti, segua; richiami; Tratti; Sia, si metta; si ricordi

6. 1. Il riposo; 2. Il ginocchio; 3. Il collo; 4. I medicinali; 5. Un disturbo; 6. Il colpo di sole; 7. L'aspirina

7. 1. non stia; 2. mangi; 3. cerchi; 4. corra; 5. non perda; 6. non dimagrisca; 7. chiami

8. 1. Mi dedichi; 2. Venga; 3. Non spedisca; 4. Le dica; 5. Mi faccia; 6. le metta; 7. la beva; 8. Si rivolga

9. da, di, a; dal; di, a, in, di; alla, di; del, a, a

10. 1. bene/benissimo, meglio; 2. bene, migliore; 3. ottima; 4. Buona, ottima/migliore; 5. bene, benissimo; 6. migliore; 7. bene, meglio; 8. ottimo, buona
    Lösung: Il MEGLIO è nemico del BENE.

11. 1. stomaco; 2. schiena; 3. allergia; 4. medicina; 5. oculista; 6. studio medico; 7. dentista; 8. bocca; 9. petto; 10. braccia; 11. pancia; 12. plastica; 13. abito; 14. squadra; 15. esercizio fisico; 16. controllo; 17. ciclista; 18. nuoto; 19. sete; 20. raffreddore
Lösung: (la) PALLACANESTRO

12. sportivi, estivi; alcune; fisica; medico; stanchi; vuoto; adatte; pesanti

13.

	tu		**voi**	**Lei**
andare	Va'!	Non andare!	(Non) andate!	(Non) vada!
avere	Abbi!	Non avere!	(Non) abbiate!	(Non) abbia!
bere	Bevi!	Non bere!	(Non) bevete!	(Non) beva!
cercare	Cerca!	Non cercare!	(Non) cercate!	(Non) cerchi!
dare	Da'!	Non dare!	(Non) date!	(Non) dia!
dire	Di'!	Non dire!	(Non) dite!	(Non) dica!
dormire	Dormi!	Non dormire!	(Non) dormite!	(Non) dorma!
essere	Sii!	Non essere!	(Non) siate!	(Non) sia!
fare	Fa'!	Non fare!	(Non) fate!	(Non) faccia!
sapere	Sappi!	---	(---) sappiate!	(---) sappia!
spedire	Spedisci!	Non spedire!	(Non) spedite!	(Non) spedisca!
stare	Sta'!	Non stare!	(Non) state!	(Non) stia!
tenere	Tieni!	Non tenere!	(Non) tenete!	(Non) tenga!
venire	Vieni!	Non venire!	(Non) venite!	(Non) venga!

14. 1. una scusa; 2. convincermi; 3. preoccupi; 4. ultimamente; 5. si è iscritto; 6. Quanto; 7. la ragione; 8. efficace

15. 1. che, anche se; 2. mentre; 3. Se; 4. per cui; 5. cui; 6. Anche; 7. che

Lektion 8

1. 1. segretaria; 2. medico; 3. ingegnere; 4. cuoco; 5. studenti

2. sarà; avremo, nevicherà; lasceranno, salirà; tornerà, ci saranno; Tirerà, saranno

3. sarò, farò; avrò; dovrò, sarà; Vivrò, potrò, conoscerò

4. 1. studio; 2. posto; 3. docente; 4. fatica; 5. turno; 6. parenti; 7. intenzione; Lösung: DISOCCUPATO

5. Sätze 2., 4., 5., 6., 7.

6. bisogna; È necessaria; si può; c'è bisogno

7. praticare; elaborare; noleggiare; dare; osservare; laurearsi; attribuire; rimanere; esprimere
Lösung: Il PENDOLARE

8.

lettera informale	**lettera formale**
Caro Silvio,	Egregio Dottor Neri,
ho letto sul giornale che cerchi un impiegato e	in riferimento all'annuncio pubblicato sul *Corriere* del 3.3.03,
volevo sapere se puoi dare a me quel posto.	mi permetto di presentare domanda per l'impiego in questione.
Sai già la mia età e dove abito, abbiamo studiato insieme quindi sai che	Ho 28 anni e risiedo a Verona.
ho finito le scuole con 60/60.	Mi sono diplomato in una scuola di lingue con il massimo dei voti.
Forse sai anche che dopo il diploma ho lavorato qui a Verona.	Fino al '97 ho lavorato presso l'Ufficio Turismo della mia città,

Più tardi ho fatto il traduttore a Rio de Janeiro	poi mi sono trasferito per un anno in Brasile dove ero traduttore in un'azienda import-export.
e adesso dirigo qui la stessa azienda.	Da quando sono ritornato in Italia sono direttore della sede locale della stessa azienda.
Ti mando il mio curriculum e,	Le invio il mio curriculum e
se hai altre domande,	rimango a Sua disposizione per ulteriori informazioni
sarò ben felice di rivederti.	che sarò lieto di fornirLe in occasione di un eventuale incontro.
Ti ringrazio tanto,	La ringrazio per la Sua gentile attenzione e
cari saluti.	Le porgo i miei più cordiali saluti.
Tuo Eros	Eros Pavarotti

9. 1. La; 2. La; 3. Le; 4. inviarLe; 5. prenderLa; 6. Le; 7. Le; 8. Le; 9. La; 10. Le; 11. Le

10. ho presentato domanda; mi sa che, visto che; mi sono permessa, sbrigare, non ce la fai; lasci stare, non vedo l'ora di, per conto mio; mettere in proprio

11. Sätze 2.; 3.; 6.; 8.; 10.

12. 1. l; 2. i; 3. d; 4. b; 5. c; 6. e; 7. f; 8. g; 9. a; 10. h
    Lösung: VAL PIÙ LA PRATICA DELLA GRAMMATICA.

13. 1. Rita; 2. Mara, Rita, Marco; 3. Mara, Marco; 4. Mara, Marco; 5. Mara; 6. Rita; 7. Marco (e forse Rita); 8. Mara

14. luogo, nascita; studi, professionali, formazione, straniere, conoscenza, scritto; pratica, interessi